Research on
Soft Power Index
of Cities

上海社会科学院课题组 著

城市软实力指标
体系研究

上海人民出版社

"城市软实力指标体系研究"课题组

组　长

　　王德忠

副组长

　　胡　键　杜文俊　李　健（执行）

成　员

　　郑崇选　丁波涛　王　健　彭　辉
　　刘玉博　程　鹏　曹祎遐　华　桦
　　郭家堂

前　言

　　早在1990年，约瑟夫·奈（Joseph Samuel Nye）在《美国注定领导世界?——美国权力性质的变迁》(*Bound to Lead: The Changing Nature of American Power*）一书中首次提出"软实力"的概念并得到各国学者和政要的广泛关注。2004年约瑟夫·奈再次出版了《软实力：世界政坛成功之道》(*Soft Power: The Means to Success in World Politics*），对软实力的概念进行了补充，强调软实力主要包括文化价值观、政治价值观及外交政策等维度的研究内容，从而将软实力的研究范围进行收缩性界定，并从国际关系变化的视角对其进行重新审视。1993年，复旦大学王沪宁教授发表《作为国家实力的文化：软权力》一文，引发国内学者及政府管理部门的关注，"软实力"作为一个具备深厚内涵的国际政治名词也逐渐从学术界走向社会公共话语圈。

　　随着全球化的发展，城市作为一个特定主体单元在当今经济社会发展中的地位日益重要。由于信息传播的广泛性和集聚性是同步存在的，一个国家的几个重要城市往往也可代表这个国家大部分的国际形象，因此，在国家软实力研究进程中，城市软实力开始受到关注。从目前相关研究文献看，对城市软实力的概念可以大体界定为：所谓"城市软实力"是相对于经济发展、城市基础设施等"城市硬实力"而言的，指在城市竞争中通过文化、政府管理、市民素质等非物质要素的建设，不断增强社会的吸引力、文化的影响力、市民的凝聚力、城市形象的亲和力等，充分发挥对城市经济社会运作系统的协调、扩张和倍增效应，以全面提升城市经济、社会、政治发展水平，塑造良好城市形象，提高城市核心竞争力，为城市经济社会和谐、健康发展提供坚实的"无形有质"的动力。

不同等级和能级的城市，其软实力往往具备不同的特点和发展要求，其中，最突出的是"国际大都市"与"一般城市"在软实力方面的内涵差异。"软实力"的内在特点就是具备明显的国际政治和国际关系色彩，作为国际大都市的城市往往与一般城市在国际政治和国际关系方面发挥的作用不同，主要表现在与一般城市相比较，国际大都市本身所具备的特质、集聚的资源、发挥的作用和影响的范围都显著不同，这就要求国际大都市在城市软实力方面不仅要重视文化建设、政府治理、市民素质、宜居环境等方面的内容构建，还会强调在国际影响力包括世界政治、全球事务及国际形象等方面的内涵发展，突出国际大都市在国际政治、国际关系及支撑国家软实力方面扮演的重要角色。

从 20 世纪 80 年代开始，随着全球化快速发展，国际城市发展比较成为全球城市政府和学界非常关注的领域。早期在城市竞争力的思维指引下，《全球城市竞争力报告》、GaWC 世界城市名册等权威报告更强调城市经济发展联系、基础设施建设、科技创新发展、资本与人才集聚等硬实力的国际比较。近些年，包括联合国教科文组织"创意城市网络"、"欧洲文化之都"、日本森基金会城市战略研究所 GPCI（Global Power City Index，全球实力城市指数）报告、普华永道《机遇之都》、澳大利亚咨询机构 2ThinkNow "创新城市指数"、OECD 生活质量指数等报告更加突出文化创意、治理能力、社会服务、宜居水平、营商环境等城市软实力维度的国际比较。这是城市发展到当前阶段，从强调物质发展到重视社会建设、文化传播、精神塑造等更高层次社会需求的必然转型。但从已有国际权威报告来看，对城市软实力的分析多是单一维度的考察，比如联合国教科文组织"创意城市网络"和"欧洲文化之都"项目都重视文化创意产业发展和文化建设，2ThinkNow "创新城市指数"突出城市文化资产价值，《机遇之都》强调健康安全及宜居性，OECD 生活质量指数更关注城市生活质量，对城市软实力的考察都缺乏综合性、系统性。

在建党百年之际，中国共产党上海市第十一届委员会第十一次全体会议审议通过了《中共上海市委关于厚植城市精神彰显城市品格全面提升上海城市软实力的意见》（以下简称为《意见》），在国内首提"城市软实力"，并形成了城市软实力的"上海概念"，内涵包括：弘扬社会主义核心价值观以铸牢城市软实力的精神内核、提升文化建设品位以塑造城市软实力的神韵魅力、构建现代化治理体系以展现城市软实力的善治效能、优化创新创业生态以焕发城市软实力的发展活力、打造最佳人居环境以彰显城市软实力的生活体验、增强全球叙事能力以扩大城市软实力的国际影响。《意见》还提出了具体行动方案，为上海全面推动软实力与硬实力互动并进、相得益彰，打造成为引领未来城市发展的典范提供了有开创意义的指导。

城市软实力的"上海概念"以习近平总书记对上海城市精神和城市品格的提炼和概括为指导，以激发新时代上海城市发展动力和活力，提升核心竞争力和世界影响力，更好地向世界展示中国理念、中国精神、中国道路为目标，不仅包括了约瑟夫·奈关于制度、文化、形象等软实力的内容分析，更扩展至创新创业生态、人居环境水平及国际影响力等世界城市在近期城市规划中更为关注的内容，彰显了科学性、动态性和系统性特点。六个维度的行动方案旨在持续增强社会的吸引力、文化的影响力、市民的凝聚力、城市形象的亲和力。

在研究方法上，本书主要是依据层次分析法的组织逻辑，将一个复杂的系统决策问题，分解为多维子目标，进而构建两级指标体系。其中一级指标设计参考《意见》中的六个工作维度，对城市软实力的概念进行规范化和简明化概括，二级指标的设计直接针对城市软实力某个细分领域进行具体化描述。本书构建了由6个一级指标及32个二级指标组成的城市软实力评估指标体系，其中一级指标包括：市民素养、文化建设、治理效能、创新创业生态、人居环境及国际影响。进一步，本书主要对北京、上海、广州、深圳、香港、纽约、伦敦、巴黎、东京及新加坡十个典型国际城市进行比较，探究以"具有世界影响力的社会主义现代化国际大都市"为发展目标的上海在城市软实力方面有哪些优势和短板，并为上海全面提升城市软实力的政策设计和实施推进提供参考。

目 录

第1章 城市软实力的内涵与特性

自"Soft Power"一词引入中国后，国内出现了多种翻译，包括"软实力""软国力""软力量"等。2007年，胡锦涛同志在中国共产党第十七次全国代表大会上的重要讲话中指出"必须提高国家文化软实力"，此后软实力概念得到全社会的认可。约瑟夫·奈提出的"软实力"概念有其特定的社会发展背景，必须更好地予以剖析才能更好把握软实力的研究意义。此外，软实力提出后一直没有规范的学术性概念，多笼统指一个国家依靠政治制度吸引力、文化价值感召力及国民形象亲和力等提升国际影响力。城市软实力的概念来自软实力演化和衍生，同样较为模糊。软实力到城市软实力的衍生同样具有深厚的社会发展背景和内涵，只有对这种衍生背景和内涵进行透彻分析，才能更好地把握城市软实力的内涵和特性，并在实践工作中予以更好地推进。

1.1 软实力理论的提出

1.1.1 软实力理论的发展背景

20世纪80年代，美国经济社会受越战后续震荡、石油危机以及日本和欧洲的经贸竞争等影响较大，其中美苏争霸对于美国经济社会造成的压力巨大，苏联的战略攻势造成"美国衰落论"的形成。在这样的发展背景之下，美国社会出现悲观的情绪和气氛。美国著名国际政治学者、哈佛大学肯尼迪政府学院教授约瑟夫·奈观察到该种状态，他认为"经济和军事力量之外还有一种能力，能通过吸引力而非威逼或利诱达到目的，是一国综合实力的另一组成部分，包括导向力、吸引力和效仿力，是一种同化式的权力——即一个国家思想的吸引力和政治导向的能力"。基于此认识，约瑟夫·奈进一步提出，"美国文化的开放性以及民主与人权的价值观具有广泛的感召力与影响力，其软实力资源相比任何国家都有非常明显的优势，问题在于美国政府能否将这些资源转化为真正的国际影响力"。

至20世纪90年代初期，苏联解体和东欧剧变宣告二战以来所形成的冷战结束，世界政治面临大国关系和政治经济版图重新塑造、民族宗教以及文化问题增多等影响，国际关系发展不确定性增强。此外，全球化发展日益昌盛，民族国家的国际关系角色发生了明显变化，民族国家不再是全球经济发展中的核心角色，取而代之的是跨国公司、贸易协会等组织地位和影响力快速上升，各种非国家主体之间及它们与国家主体的关系更多元化和更加紧密，全球政治和经济发展及相互影响的方式都在调整变化。此外，交通及通信条件的改善、信息技术的发展推动全球联系不断增强，人口、商品、资本、信息、知识等要素流动加强，文化的交流和信息的互通都导致价值观、世界观等全社会意识形态不断重塑，国际传播及其平台建设成为国家塑造自身国际形象的重要途径，这些新的变化都导致软实力的影响力和重要性愈发凸显。正如约瑟夫·奈指出的，"在全球化时代，越来越多的问题已经超出国家所控制的范围，仅以军事手段解决问题是行不通的。一国的实力应当是由硬实力和软实力相互作用而形成，单纯的硬实力或者软实力都不能真正发挥出作用力"。

二战结束以后，国际社会百废待兴，美国由于远离战争主战场因而成为唯一获得发展的国家。借助强大的经济和军事后盾，美国主导战后世界经济秩序的重建，包括建立美国主导的国际金融和国际贸易体系，使其成为世界经济和军事方面的超级大国。随着20世纪90年代初苏联解体和雅尔塔体系崩溃，美国在经济和军事力量方面的绝对优势更加突出。但全球化的发展导致世界多极化发展的态势日益明显，欧洲一体化的发展到欧盟的成立，日本借助经济的快速崛起谋求政治大国地位，中国改革开放推动国内经济快速发展，第三世界同样也在逐渐崛起，美国对世界经济和政治的控制能力反而更为弱化。"9·11"事件的发生，是美国综合国力下降特别是软实力下降的体现，此后美国发动对伊拉克等国家的军事打击行动及其后续影响都对美国的国际声誉造成了很大损害。正是在以上诸多背景下，约瑟夫·奈认为传统的经济和军事手段已经不能够解决许多现状问题，军事威胁和经济制裁并不是国际政治中促成改变的仅有手段，而软实力作为"一种依靠吸引力而非通过威逼或者利诱的手段来达到目标的能力"，是来自一个国家或组织的文化中所体现出来的价值观、国内政策所提供的范例、处理外部关系的方式等，将会更加重要和突出。上述观点在约瑟夫·奈 1990 年出版的《美国注定领导世界？——美国权力性质的变迁》、2002 年出版的《美国霸权的困惑：为什么美国不能独断专行》、2004 年出版的《软实力：世界政坛成功之道》等三部专著中都有表述。2012 年 12 月约瑟夫·奈在其为《软实力：世界政坛成功之道》中译本所写的序言中，再次对软实力概念进行完善，他指出，软实力的定义可概括为在国际事务中通过吸引力，而不是通过威胁或强制来实现自己所期望目标的能力。不断更新的内涵，大大提升了软实力理论在学术界以及政府部门的影响力。

1.1.2　软实力理论的发展阶段

软实力概念从最初提出至今已有 30 多年的历史，通过对约瑟夫·奈研究成果的梳理和分析可以发现，其对软实力的认知随着国际形势的最新变化而做出改变和发展，即软实力的思想和理论都在不断丰富和完善。尹恒（2021）将约瑟夫·奈的研究分为三个阶段。

第一阶段是 20 世纪 90 年代前半期，这是软实力概念的形成阶段。在《美国注定领导世界？——美国权力性质的变迁》一书中，约瑟夫·奈反驳了美国衰落论，提出同化式的权力行为即软实力。进一步，奈在《外交季刊》发表《软实力》一文，对冷战后美国国际地位的确立问题作出分析，认为软实力必将会对美国未来发展发挥重要的作用，他提出"软实力往往来自文化、意识形态吸引力、国际机制的规范和制度等资源"。之后在《世界权力性质的变迁》一文中，他主要从已经发生的现代国际关系角度谈论软实力的重要性，认为现代国际关系中沟通和组织的重要性高于军事力量。

第二阶段是 20 世纪 90 年代后半期到 2006 年的十年间，在该阶段奈对软实力理论进行了模糊建构。1999 年奈在《软实力的挑战》一文中第一次全面而具体地界定了软实力，"软实力是一国文化与意识形态的吸引力，是通过吸引而非强制的方式达到预期结果的能力"。在 2002 年的著作《美国霸权的困惑：为什么美国不能独断专行》中，奈再次将软实力的概念进行更新，即"一个国家达成目标的原因，可能是因为别国对其价值观的认可而对其作出学习和追随的行为，并渴望能达到它的繁荣与开放程度，这种非强制性的、能让他人自愿做你想让他们做的事情的力量，谓之软实力"。2006 年，约瑟夫·奈发表了《软实力的再思考》，对软实力组成内容进行系统论述，并开始思考软实力与硬实力的关系，学界普遍认为该文是软实力理论建构的代表之作。

第三阶段是 2006 年至今，软实力思想不断完善。理论建构完成后，约瑟夫·奈开始致力于推进软实力的现实应用。奈认识到现代国际关系中，软实力很重要，但软实力必须要与硬实力进行有效结合，才能发挥其应有的能效，这种软硬结合的决策能力，被奈命名为"巧实力"。巧实力概念的提出代表着软实力开始运用到社会实践中，并引起世界各国政府特别是一些大国的关注，他们关注如何才能更好地在多元化世界中取得更大成功。

1.1.3　软实力形成的力量来源

作为综合实力的一个部分，国家软实力是如何形成的，或者说国家软实力的力量来自哪里，这是个值得探讨的问题，只有搞清楚软实力形成的来源，才能在理论层面进行更加系统和深入的研究并指导实践工作。约瑟夫·奈认为，软实力主要来自三个方面的力量：

能发挥魅力的文化、可以付出实践的政治价值观以及被认为有道德权威并具有良好国际形象的外交政策。奈以美国为代表案例，分别从文化、政治价值观和外交政策三个方面对软实力的来源进行了研究和论证。

一是社会文化。奈关于软实力中的文化概念是一个大文化概念，是整个社会价值观和社会实践的总和。奈认为可以存在普世性的社会文化，一个国家的社会文化具有普世性并能够被其他国家所认同，这样就能形成文化的相互认同感进而建立紧密的联盟关系，最终实现国家的目标。奈把文化分为高雅文化和流行文化，其中高雅文化包括了教育、科技、文学、艺术等内容，主要迎合精英阶层，流行文化则侧重于社会大众的娱乐方向。精英阶层的高雅文化对社会领导层面产生重要作用，例如在科学教育方面，通过精英人群的文化接触和交流就会产生很大的政治效果。美国自20世纪50年代开始通过基金会和高校合作，开展与其他国家高校、科研机构之间的交流项目，先进的知识教育和科研能力吸引世界各国的学者和学生，这个过程恰如奈所预想的，"文化交流影响的是精英人群，从长远目标看，这部分人只需一两次关键接触就可能会产生重要的政治效果"。这种高雅文化是最终形成苏联解体的重要内在驱动因素之一。此外，在文学艺术方面通过价值观输出，更可以冲击思维认知的固有印象，从而导致原有价值体系动摇。这些精英层级的高雅文化交流，在过去大大增强了美国的软实力。

流行文化的发展也可形成软实力，但其针对的对象更多是普通社会大众。流行文化带有商业主义和娱乐性，是一种个人主义和消费的最终选择。美国具有发达的流行文化，比如好莱坞电影、格莱美音乐节、NBA、MLB、NHL等都风靡全球，流行文化蕴藏着某种信息符号和价值倾向。美国流行文化倡导的自由、开放、多元、个人主义等有着强大的吸引力，并协助美国实现了很多外交项目，包括二战后马歇尔计划的推进实施，欧洲人对美国流行文化的适应与认同，都协助美国实现了控制西欧的政治目标。流行文化对于美国在冷战中的胜利同样有效，以美国文化为主的西方流行文化通过电影、摇滚乐等形式进入苏联和东欧，新的文化内容和价值观大大动摇了苏联和东欧人的意识形态和文化信心，最终协助美国实现其政治目标，从社会内部和根基瓦解了苏联和东欧的社会价值体系。

二是政治价值观。在约瑟夫·奈的软实力理论体系中，政治价值观是最基础的力量，因为一个国家的政治价值观对其他国家的影响可以直接影响他国和人民的好恶情绪，正确并且得到广泛认同的政治价值观是一个国家软实力的基础。一个国家正确的政治价值观会主导其正确的政治和军事政策，进而形成正确的政治和军事行动，如果这种政治价值观得到国际的广泛认同，必将会强化其国内制订的政治和军事政策的合法性，有助于实现其目标，从而提升国家软实力。但如果这种政治价值观不能得到广泛的认同，其政治和军事政策及行动就不会被别的国家所认同，最终也会损害国家软实力。

虽然奈在其《软实力的再思考》一文中指出"在国内和国际上都得到遵循的政治价值观是软实力的来源之一"，但反观美国在近些年的民主宣传和实践都与其他价值观完全相悖，双重标准要求自身和其他国家，因此被国际社会贴上"虚伪"和"伪善"标签，动辄以贸易战和技术封锁威胁他国，频繁退出国际条约成为国际规则的破坏者，都使得国际社会开始对美国的政治价值观产生强烈质疑和指责，这些都大大破坏了美国国家软实力。此外，从美国自身的发展来看，这种软实力国际认同感要建立在共同的社会基础和思想基础上，比如美国在民主、人权等方面的价值观内涵得到了欧洲国家的认同和响应，这主要是因为欧洲国家特别是西欧国家在社会基础和思想基础上更接近美国，因此在政治价值观、社会价值观等方面的诉求相近，美国的软实力也更能够体现。而相对于发展中国家，由于在发展阶段、发展诉求、思想基础等方面都有差异，美国试图强加自身的政治价值观和认知于发展中国家，这就不可避免地造成了冲突。

三是外交政策。与社会文化、政治价值观的稳定性架构相比较，外交政策有变动性较大的特性。约瑟夫·奈认为，有道德威信和合法性的外交政策是软实力的重要来源之一。外交政策所传递的价值观及其体现的利益性，都决定着国家的吸引力、影响力并最终形塑其国际形象。从约瑟夫·奈的研究分析，外交政策的制订和实施首先要符合广泛和长远的国家利益，这样更容易形成社会共识和国际认可；第二，外交政策的制订和实施要体现最为广泛的政治价值观，得到国际社会的普遍认可；第三，外交政策的制订和实施要符合最广泛的国际公共利益，提升国际公共事业的发展；第四，外交政策的制订和实施要符合他国政治价值观和社会价值观，而不是强制推行自身价值观的内容，这有利于国家软实力的更好形成和输出。

奈在《软实力：世界政坛成功之道》一书中对美国的单边主义外交政策提出批评，因为其他国家普遍认为单边主义外交政策反映了美国的傲慢与自私，更多体现的是美国自身的利益而损害他国利益。总体上看，单边主义外交政策是国家软实力的负面因素，它使得美国更多的其他国际外交政策受到社会的质疑，其国际合法化也就面临更为复杂的局面，最终损害美国国家软实力。但奈同时也认为，多边主义也并非都是有益的，因为这可能损害国家其他领域的利益进而破坏其他方面的软实力，"特殊时期偶然的单边主义战术所获得的共享价值会弥补行动上的合法性缺陷，从而会保持自身的软实力"。

作为软实力概念的提出者和研究鼻祖，约瑟夫·奈对软实力理论的形成和发展都作出了巨大贡献，尽管仍然有许多质疑和矛盾，比如软实力最终针对的对象是谁？软实力与硬实力划分的标准是什么？软实力与硬实力的关系是否为动态演化的？软实力是否具有绝对道德性？但软实力作为一种理论目前已经得到了学术界和政府部门的普遍关注，关于软实力的研究也在不断深入和细化。

1.2　城市软实力的认识

从目前文献看，城市软实力研究目前尚无统一的规范性概念，当前所有研究都是以美国学者约瑟夫·奈的"软实力"定义及后来奈对软实力的进一步阐述为基础类推和衍生而来。但深入分析可以发现，从国家层面的软实力到城市层面的软实力并不是一个偶然或者随意的概念衍生，而是在全球化发展的大背景下，城市地位和作用日益突出的一种必然结果。一个或几个重要的城市即可代表国家的国际形象，因此，城市软实力也成为软实力研究中的一个重要尺度和层级。两者最大的不同之处是，以国家为主体的软实力有更强的国际政治意义和国际关系内涵。此外，区域软实力、企业软实力等概念也在相关学科研究中得以形成。城市软实力的来源同样值得关注，这关系到如何推进相关研究和推动实践工作的开展，学术界在十多年的工作中已经形成较为丰富的研究成果，本节综述并兼评之。上海在全国率先提出城市软实力的"上海概念",为我国其他城市软实力的工作实践提供了参考框架。

1.2.1 城市尺度的软实力研究

约瑟夫·奈的研究也曾涉及城市软实力,他认为一座城市的软实力会在城市品格上有所体现,世界著名城市都有鲜明的城市精神品格,对城市软实力具有引领性、决定性作用。但到目前为止"城市软实力"仍是一个中国本土化的概念。那么为什么城市软实力率先是在中国提出呢?这与中国城市发展的实践息息相关。自改革开放以来,中国经济持续快速增长,城市建设和社会发展皆同步提升,人民生活水平得到极大改善。但在快速发展过程中同样出现很多问题,如区域发展不平衡、城乡差距明显、贫富差距拉大,生态环境问题与人民追求美好生活的诉求存在矛盾等。在这样一种经济快速发展与社会矛盾凸显的转型阶段,如何能更好地解决问题并加强社会的凝聚力和向心力显得尤为重要,软实力研究和城市软实力的提出就恰逢其时。此外从国际发展背景看,随着中国经济快速发展,综合国力和国际影响力不断提升,中国在国际政治、世界经济、国际安全、外交、科技、文化等方面对世界的影响越来越大,中国已经成为国际政治、国际经济和国际文化舞台上闪亮的明星。而冷战结束后,美国作为唯一的超级大国并不愿意看到社会主义阵营产生另外一个强国,于是在欧美国家中就产生了"中国威胁论"等冷战思维的谬论。在已经完美解决100多年前半殖民地半封建社会的"挨打"、新中国成立后西方国家封锁发展造成的"挨饿"局面后,中国在改革开放后奋力开拓、实现小康社会和迈入社会现代化建设进程的道路上,又必须要来解决"挨骂"的问题。因此,当前软实力的发展对于中国有重要意义,一方面通过软实力建设争取国际社会的理解，另一方面又要通过软实力建设争取国际话语权，破除欧美国家对中国的质疑和偏见。城市软实力是国家软实力建设的重要组成部分，也是中国国家软实力建设的重要突破点。

城市软实力是将软实力概念应用于城市这一层次主体而产生的一个前沿性研究命题（宋芹，2010）。学术界普遍将21世纪称为"城市时代"，这主要得益于城镇化的快速发展，城市成为人类社会物质文明发展水平最高的地方。而大量的人口集中和交往活动，又催生出各种思想和文化并形成复杂的社会关系网络，城市又成为人类社会思想文化和社会制度文明水平最高的地方。由此可见，作为国家的构成单元主体，城市对于国家、地区的经济社会发展日益重要，在全球化发展的时代，国家与国家之间的竞争也主要表现为城市与城市之间的竞争。城市代表着国家的综合实力，其中软实力是重要组成内容，城市的崛起能够带动国家的整体崛起，城市软实力的发展也同样能够带动国家软实力的提升，这包括以下几个方面的内涵。

一是全球化时代国家之间的竞争就是城市之间的竞争。全球化时代最大的特征就是跨国公司主导世界经济，它们开始突破国家的限制在国际劳动分工框架下进行投资布局和贸易往来，因而逐渐改变过去世界分割、孤立式的发展模式，各种资源、商品、信息、人才都在世界范围内流动，全球经济联系日益紧密。但全球化发展并不是均匀布局的，而是在某些城市形成集聚，从而形成全球化发展的"马赛克"经济版图，这是全球化发展和地方集聚的"大分散、小集聚"模式的结果。其中，有些城市由于在基础设施、人才汇聚、配套服务、生活设施等方面的优势，也成为跨国公司优先选择的空间。全球化的发展推动某些城市成为资源和要素最为集中的地方，并通过资金流、信息流、商品流、人才流等形成世界城市网络。在这样的背景下，城市要具备更强的吸引资源、要素的能力，真正成为时代的领先者，就不能仅靠比拼基础设施等硬件设施，而需要具备更好的现代治理、营商环境、宜居宜业、生活便利等软性服务条件，也即本书所探讨的城市软实力。由此可见，在全球化发展时代，一个国家的国际化大都市特别是全球城市、世界城市等，已经可以代表国家参与国际竞争，并成为国家综合实力的重要组成部分，当然这其中也包括了软实力。

二是提升城市软实力是城市社会需求不断升级的必然结果。城市的真正内涵是城市人口及其所形成的各种社会关系，包括生产关系、消费关系以及社会联系等诸多方面的内容。在城市形成发展之初，包括基础设施的建设、自然资源的开采及加工、生产关系的构建等是城市最为重要的社会活动。在这个阶段，物质资源的生产和分配及其所需求的基础设施等硬实力是城市最为看重的。在城市经济发展和基础设施建设达到一定的水平后，城市社会的生产关系、消费关系以及社会联系将会发生重大调整变化。首先是社会生产的不断调整，表现为生产能力提升和产业结构的转型升级；其次是消费关系的调整，依据马斯洛需求层次理论，城市社会的消费也将不断升级。中国改革开放以来的快速经济发展，已经为城市居民提供了较好的物质条件保障，在新时代，更需要注重精神文化乃至价值观层面的生产和消费，这也是城市软实力发展的社会经济基础。

1.2.2　城市软实力的研究维度

胡冬林（2020）基于知网发表的期刊论文对中国城市软实力的

研究现状分析发现，从 2001 年到 2018 年共计有相关文献 176 篇。其中 2001—2007 共 3 篇；由于 2008 年北京举办奥运会、2010 年上海举办世博会，因而从 2008 年开始到 2018 年相关学术论文开始增多，其中 2011 年到 2016 年分别是 21 篇、25 篇、16 篇、23 篇、21 篇、15 篇，可以看到明显增多的趋势；2016 年到 2018 年分别是 10 篇、9 篇和 8 篇，略微下降。从研究对象看，北上广等国际大都市是研究重点。在总共 176 篇论文中，以某一城市为单一研究对象的有 71 篇，其中上海有 8 篇、广州 6 篇、北京 5 篇，这说明特大城市因为在对内对外交往中的沿海区位优势、经济发展优势、城市功能定位等往往更加注重城市软实力的建设，同时其城市软实力资源的开发和利用也更受学术界的关注。从驱动力的研究来看，城市大型盛会对城市治理、市民素质、文化影响、媒体影响以及城市形象等有更大的要求，因此也更易引起学术界对该城市的持续关注和研究，并引发盛会当年及以后一段时间对该城市软实力研究的相关论文的增加。随着社会对软实力日益重视，软实力及城市软实力都必将成为未来的热点研究领域。

从已有文献的聚焦领域看，包括城市软实力建设的意义研究及工作的情况报道、城市软实力研究的现状问题和突破路径、城市软实力建设的某种具体资源情况、城市软实力评价指标体系构建和比较应用等内容较多。其中对城市某种具体软实力资源的分析有 124 篇，占总量的 70% 以上，这说明已有研究更多是从某一或者若干要素的视角来研究城市软实力，包括文化产业、体育发展、政府服务、媒体营销、市民素质、城市形象、人文环境、教育质量、对外交往等九种要素。

　　在九种软实力资源要素的研究中，从文化要素的视角研究城市软实力的论文共计 35 篇，这与一般的"文化软实力是软实力核心内容"的判断相一致，即通过文化资源塑造城市文化软实力进而提升城市软实力，成为当前很多研究者的普遍共识。根据胡冬林（2020）的分析，社会文化资源是内容内涵都较为丰富的资源，在已有文献研究中对社会文化资源的分析也呈多元化的态势，这反映了研究者对城市软实力中文化资源的多视角认知，比如博物馆文化、大学文化、古都历史文化、地域特色文化、体育文化、文化产业等视角的研究。其次，受北京奥运会的举办、北京和广州亚洲运动会的举办的影响，体育文化也成为社会关注的重点，被认为是向国际展现城市实力、城市形象的重要资源，因而从体育资源视角研究城市软实力建设的论文共有 20 篇，位列第二，包括了体育设施建设、体育赛事举办、足球文化建设等内容。此外，从政府治理的视角研究城市

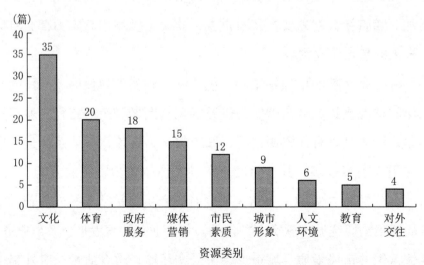

图 1-1　城市软实力研究中对各种资源要素的聚焦情况
资料来源：胡冬林（2020）。

软实力的论文也达到 18 篇，这反映了当前社会对政府部门推动城市现代化治理的更多期待。从媒体营销的角度讨论城市软实力的论文也有 15 篇，从媒体角度扩大宣传和推动营销，也能提升城市在国内和国际的影响力，塑造城市的良好形象，最终提高城市吸引力并延伸至提升城市软实力。

另外，对城市软实力评价指标体系及其应用的研究也是学者们关注的重点。一般来说，就某种或若干具体资源要素的研究往往只能是泛泛而谈，而且城市软实力往往需要通过比较才能明确优劣或者高低。通过构建城市软实力评价指标体系，对不同资源要素设计相应权重，进而建立测度模型对指标数据进行计算，可以更好地明确城市软实力在不同资源领域的优劣，进而从"拉长长板、缩短短板"的角度提出解决思路和具体措施，这样的研究具有更好的实践操作性和应用价值。宋芹（2010）将城市软实力从三大基础资源角度进行分析，一是自然资源衍生的城市软实力，指一个城市有效运用全部自然资源所产生的一种积极效果的能力。自然资源包括土地、湖泊、森林、矿藏、景观以及气候等。可以直接对资源进行挖掘、推广和宣传以达到扩大城市知名度的目的，同时也可以用间接作用方式，即城市没有专门进行宣传和推介，但通过他人的经历和介绍被其他地区的人所了解从而产生吸引力。二是社会资源衍生的城市软实力，即一个城市有效运用所有社会资源取得的积极效果。社会资源包括政治资源、经济资源、人口资源、科学技术资源以及城市基础设施资源等。其中政治资源包括公共服务水平、法律法规等，公共服务是城市政府为当地居民、企业以及其他机构生存和发展提供良好的政策扶助、财力支持等服务，进而促进地区和谐和人民安居乐业。法律法规是指该城市为了维护基本的运行程序和制度而制定的相应的规则、章程，以便城市得到更好的治理和正常运转。经济资源蕴涵了方方面面的内容，包括商业、金融、工业、农业、服务业等硬性资源，以及经济体制、经济政策、社会经济关系、对外贸易关系等软性资源。人口资源包括劳动力数量以及劳动力质量即人的素质，是城市软实力持续发展的不竭源泉。科学技术资源是指人类在认识自然现象、社会现象，探索物质运动和社会运动客观规律时所形成的基本理论、概念和原理，以及人类在生产斗争、科学实验和社会活动时认识及改造自然和社会过程中积累起来的经验、知识、技能。城市基础设施资源是指为城市生产和居民生活提供公共服务的物质工程设施，它是一个系统的工程，具体包括交通运输系统、供水排水系统、能源供应系统、邮电通信系统、防卫防灾安全系统、环保环卫处理系统六大部分。三是文化资源衍生的城市软实力。城市文化资源及其所形成的文化软实力被认为是城市软实力的核心，它所包含的内容十分广泛，涉及市民素质、社会风气、历史传统、电视广播、新闻传媒等各种文化现象和文化活动以及与之相配套的城市文化设施、文化建筑等。

孟建（2009）认为城市软实力是反映城市在发展和参与竞争中，建立在社会和谐、城市文化、政府服务、人口素质、形象传播等非物质要素之上的，体现为城市文化感召力、环境舒适力、城市凝聚力、科技创新力、区域影响力以及参与协调力等的一种特殊力量。之后，孟建（2010）尝试构建一个中国城市软实力评估体系，该指标体系主要是由文化号召力、教育发展力、科技创新力、政府执政力、城市凝聚力、社会和谐力、商务吸引力、形象传播力、区域影响力、信息推动力十个大类组成，选择中国城市竞争力排名前 50 强城市，对其软实力进行排名。与孟建的研究相似，陶建杰（2010）同样构建了由文化号召力、教育发展力、政府执政力、城市凝聚力、社会和谐力、形象传播力、区域影响力、环境舒适力等 8 个大类、21 个二级指标、44 个三级指标所形成的城市软实力评价指标体系，并对中国城市竞争力前 50 强城市进行了实证评价。

齐玉宇（2013）提出城市软实力其实是一个结构相当复杂的庞大系统，结合城市软实力的特征，提出城市软实力的内涵包括 5 个层次，分别是元软实力层、资源层、目标受众层、表现层、目的层。首先是元软实力层，它是城市软实力的来源和基础，主要包括城市安全、文化传统、人口素质、廉洁程度、城市环境、地区协调、创新意识等非物质要素。其次是资源层，包括 6 个子系统，分别是城市文化感召力、城市教育发展力、社会和谐力、公共服务力、城市影响力以及城市环境舒适力。第三是目标受众层，主要指城市软实力的接受者或传播对象，包括城市的居民、投资者、就业者、旅游者、求学者、创业者等。城市在实施软实力战略中能够有效地识别目标受众，对一个城市的软实力建设发挥决定性的作用。第四是表现层，它是城市软实力发挥作用的方式，主要包括城市的吸引力、感召力、说服力、凝聚力、影响力等。第五是目的层，是城市在实施软实力战略时最终要达到的目的，即维持城市经济的可持续发展。

吴凡（2016）经过研究，将众多要素大致分为两类构成，一类是城市软实力的来源，如文化、政府公共服务等资源型要素，另一类是城市软实力的外在表现，如形象传播力、影响力等效果型要素。

吴凡认为资源型要素是构成城市软实力的决定性因素，效果型要素是城市软实力的导向性因素。其中，资源型要素主要有城市文化、城市公共服务、城市人口素质和城市环境等。城市文化在软实力众要素中最具内生性与辐射性，是其他要素的根源；城市公共服务是地方政府政策供给、执政能力的最直接体现；城市人口素质主要涉及城市另一主体即人口，这是上述四个构成要素中最具革命性的一个；城市环境是城市软实力资源型要素中外化度最高的一个，直接体现于城市的生产生活环境中。效果型要素主要有文化传播度、政府满意度、居民创造力和对外吸引力等。效果型要素与资源型要素相互作用，综合发力并形成城市软实力。

胡键（2021）提出一个完整的城市软实力指标体系，包括四个方面，即物质资源产生的软实力、精神文化产生的软实力、制度文化产生的软实力和行为文化产生的软实力。其中物质资源产生的软实力是指一个城市的经济发展水平越高、基础设施越先进，它对外就越具有吸引力。此外还包括了自身独特的历史建筑风貌、供应充足的先进文化设施（图书馆、博物馆、演艺馆等）以及繁荣的文化市场（充足的文化产品以及知名的文化品牌等）。精神文化产生的软实力是城市软实力的核心要素。一个城市在经济实力的支撑下会长高、长大，但更重要的是城市必须要有自己的精气神，也就是城市精神和城市品格，这些需要历史的积淀和文化的涵养。制度文化产生的软实力包括两个方面，一是对国际制度的塑造能力，二是一个城市制度完善、法治建设好、政府的履约水平高的状态。政府服务市场和社会的能力高，也就是市场环境好、社会秩序好，那么这就意味着城市获得了制度产生的软实力。行为文化产生的软实力指市民的行为方式可以构塑城市的形象。城市建设与发展的重要前提是塑造城市良好的形象，城市软实力建设的核心内容应该是提升城市形象。城市形象包括两个方面内容：一方面是静态的形象，就是城市建筑和基础设施等展现出来的形象；另一方面是流动的形象，即市民的日常举止及市民在走出城市后的言行举止、思维表达等所呈现出来的城市形象。

1.2.3 城市软实力的"上海概念"

2021 年 6 月 22 日，在建党百年之际，中国共产党上海市第十一届委员会第十一次全体会议审议通过《中共上海市委关于厚植城市精神彰显城市品格全面提升上海城市软实力的意见》，在国内首提"城市软实力"。《意见》认为十九大以来党中央交给上海一系列重大任务，赋予上海新的历史使命，比如"三大任务一大平台""四大功能""五个中心"等。这些新的任务和使命的完成不仅需要经济发展、城市建设、生态治理等硬实力支撑，更需要在城市精神和城市品格等方面充分发挥软实力的效能。

从当前来看，软实力越来越成为一个国家、一个地区、一座城市综合实力的重要标识。从全球发展大背景看，面对百年未有之大变局，上海要更好代表国家参与国际合作与竞争，必须在持续增强硬实力的同时全面提升软实力，更好地向世界展示中国理念、中国精神、中国道路，成为更高水平改革开放的开路先锋、全面建设社会主义现代化国家的排头兵、彰显"四个自信"的实践范例。从上海发展的内在需要看，国际经济、金融、贸易、航运、科技创新中心已初步建成，但按照"具有世界影响力的社会主义现代化国际大都市"的总体定位要求，软实力还有较大提升空间。特别是当前城市发展的环境条件、格局形态、动力机制、治理模式等都发生了深刻变化，上海必须从科学把握新发展阶段、坚决贯彻新发展理念、服务构建新发展格局、深入推动高质量发展的战略要求出发，更加重视把握软实力建设的特点和规律，充分发挥软实力"加速器"作用，全面推动软实力与硬实力互动并进、相得益彰，加快建设成为具有世界影响力的社会主义现代化国际大都市，成为具有全球影响力的长三角世界级城市群的核心引领城市，为实现"两个一百年"奋斗目标和中华民族伟大复兴中国梦作出新的更大贡献。

在上述要求下，上海提升城市软实力必须坚持面向全球、面向未来，始终胸怀"两个大局"、心系"国之大者"、立足"四个放在"，把上海打造成为引领未来超大城市发展的典范和标杆，成为全面展现建设社会主义现代化国家新气象的重要窗口，成为中国链接全球和影响世界的重要纽带。基于上海全面提升城市软实力的工作框架，可以总结梳理出城市软实力的"上海概念"：弘扬社会主义核心价值观以铸牢城市软实力精神内核、提升文化建设品位以塑造城市软实力神韵魅力、构建现代化治理体系以展现城市软实力善治效能、优化创新创业生态以焕发城市软实力发展活力、打造最佳人居环境以彰显城市软实力生活体验、增强全球叙事能力以扩大城市软实力国际影响。"上海概念"为中国其他城市推进软实力建设提供了参考。

1. 着力弘扬社会主义核心价值观，铸牢城市软实力的精神内核

习近平总书记强调，"核心价值观是文化软实力的灵魂"。上海作为党的诞生地、初心始发地，必须在培育和践行社会主义核心价值观上走在前列，大力弘扬民族精神和时代精神，大力弘扬城市精

神和城市品格，以不懈的追求、澎湃的活力、宽广的胸怀，奋力创造新时代新奇迹、不断展现现代化新气象。不断增进人们对中国特色社会主义的情感认同、价值认同，不断增强奋斗新征程、共筑中国梦的自豪感和责任感。重点工作包括：坚守共产党人的精神家园、焕发昂扬奋进的精神风貌、塑造新时代市民的新形象。

2. 着力提升文化建设品位，塑造城市软实力的神韵魅力

习近平总书记强调，"文化自信是更基本、更深沉、更持久的力量"。必须紧紧围绕大力提升文化软实力，锚定建设具有世界影响力的社会主义国际文化大都市的目标，坚持不忘本来、吸收外来、面向未来，在做强"码头"、激活"源头"、勇立"潮头"中打响"上海文化"品牌，使得红色文化、海派文化、江南文化在交相辉映中激发创造活力，在世界文化交融激荡中绽放独特光彩，打造更富独特魅力的人文之城，让世人更好地感知中国风、东方韵。重点工作包括：构筑更具国际影响力的文化高地、培育涌现更多原创性的文化精品、保护传承"最上海"的城市文脉。

3. 着力构建现代治理体系，展现城市软实力的善治效能

习近平总书记强调，上海要"不断提高社会主义现代化国际大都市治理能力和治理水平"，"探索具有中国特色、体现时代特征、彰显我国社会主义制度优势的超大城市发展之路"。必须推动治理手段、治理模式、治理理念创新，率先构建经济治理、社会治理、城市治理统筹推进和有机衔接的治理体系，把制度优势转化为治理效能，走出一条符合超大城市特点和规律的治理新路子。重点工作包括：全力打造善治城市典范、坚持把法治作为最根本的治理方式、积极参与全球治理体系变革。

4. 着力优化创新创业生态，焕发城市软实力的发展活力

习近平总书记强调，"抓创新就是抓发展，谋创新就是谋未来"。必须坚持创新在发展全局中的核心地位，打造更具澎湃活力的创新之城，让这座城市遍布想创造、能创造、善创造的主体，充满先进的思想、优秀的作品、璀璨的文艺、前沿的科技，持续不断地创造发展的奇迹、涌现英雄的人物、演绎动人的故事。重点工作包括：打造引领未来的创新策源地、建设开放共享的创新试验场、营造英才汇聚的创新"强磁场"。

5. 着力打造最佳人居环境，彰显城市软实力的生活体验

习近平总书记强调，"人民城市人民建，人民城市为人民"，希望上海"开创人民城市建设新局面"。必须坚持把人的感受度作为最根本的衡量标尺，把宜居、宜业、宜学、宜游的城市环境建设摆在突出位置，把最好的资源留给人民，全方位营造舒适生活、极致服务和品质体验，打造更加和谐宜居的生态之城，让越来越多的人向往上海、来到上海、留在上海、喜欢上海、宣传上海。重点工作包括：塑造打动人心的"城市表情"、打造满足品质生活的服务体系、构建引领未来生活的城市空间。

6. 着力增强全球叙事能力，扩大城市软实力的国际影响

习近平总书记强调，要"下大气力加强国际传播能力建设，形成同我国综合国力和国际地位相匹配的国际话语权"。必须全面提升国际传播能力和国际影响力，更好向世界展示传统与现代交融、本土与外来辉映、有序与灵动兼具、文明与活力并蓄的社会主义现代化国际大都市形象。重点工作包括：塑造城市品牌形象、讲好精彩城市故事、构筑对外交流平台。

专栏 1-1：上海城市软实力的指导思想和目标取向

（一）指导思想

以习近平新时代中国特色社会主义思想为指导，深入贯彻落实习近平总书记考察上海重要讲话和在浦东开发开放 30 周年庆祝大会上重要讲话精神，增强"四个意识"、坚定"四个自信"、坚决做到"两个维护"，科学把握新发展阶段，坚决贯彻新发展理念，服务构建新发展格局，以提升城市能级和核心竞争力为战略牵引，以培育和践行社会主义核心价值观为根本任务，以弘扬"海纳百川、追求卓越、开明睿智、大气谦和"的城市精神和"开放、创新、包容"的城市品格为价值引领，以用好用活红色文化、海派文化、江南文化资源为关键支撑，以增强城市凝聚力、吸引力、创造力、竞争力、影响力为主攻方向，全面提升引领全国、辐射亚太、影响全球的城市软实力，奋力打造向世界展示中国理念、中国精神、中国道路的城市样板，为加快建设具有世界影响力的社会主义现代化国际大都市提供不竭力量源泉。

（二）目标取向

坚持面向全球、面向未来，始终胸怀"两个大局"、心系"国之大者"、立足"四个放在"，把上海打造成为引领未来超大城市发展的典范标杆，成为全面展现建设社会主义现代化国家新气象的重要窗口，成为我国链接和影响世界的重要纽带。

——让核心价值凝心铸魂。培育和践行社会主义核心价值观走在前列，市民文明素质和城市文明程度全面提升，城市精神品格不断彰显新的光彩。

——让文化魅力竞相绽放。文艺创作精品迭出，文艺名家群星荟萃，文化潮流引领风尚，历史文脉延续传承，公共文化服务体系日臻完善，文化生活更加多彩，文化竞争力更加强劲。

——让现代治理引领未来。城市治理现代化水平全面提升，城市的安全、韧性全面增强，国际数字之都引领潮流，国际一流营商环境享誉全球。

——让法治名片更加闪亮。社会主义法治观念深入人心，尊法学法守法用法蔚然成风，形成人人参与法治建设、获得平等保护、感受公平正义、共享法治成果的生动局面。

——让都市风范充分彰显。黄浦江两岸物阜民丰、流光溢彩，世界会客厅商通四海、人聚万邦，人民城市绚丽多姿、活力四射，大国大城形象更富感召力、更有亲和力、更具全球吸引力。

——让天下英才近悦远来。人的全面发展更好实现，城市成为品质生活的高地、成就梦想的舞台，使在上海者引以为豪、来上海者为之倾心、未到过上海者充满向往。

1.3　城市软实力的特性

分析城市软实力产生的背景，可以更好地理解其产生的原因，之后对于城市软实力的不同研究维度的总结，可以更好地把握其内容构成和内涵。但是这还不能对城市软实力形成系统性的认识，需要从运行机制方面总结其组织特征，把握城市软实力的动态组织和演化路线图。

1.3.1　城市软实力的一般特性

1. 城市软实力的有形与无形

与硬实力比如经济资源、军事能力、基础设施等比较，城市软实力具有有形与无形相结合的特性。在一般认知中，包括文化、价值观、市民素质、市民形象、城市影响力等软实力要素是无形和难以用具体数据来测度的，更多是依赖于城市文化和价值观的吸引力所产生的一种潜移默化影响他人并重塑意愿或者认知的同化能力。但在城市软实力的资源因素构成中，包括自然资源、社会资源及文化资源所衍生的软实力，都必须依赖于足够丰富的客观物质资源，即使如文化产业、体育发展、政府服务、媒体营销、市民素质、城市形象、人文环境、教育质量、对外交往等软实力，也往往依赖于更多的城市基础设施和物质资源。因此，城市软实力与城市硬实力往往难以区分。从实践工作看，软实力亦多被认为是依赖于硬实力而衍生的一种同化能力或者吸引力。

2. 城市软实力的非排他性

城市硬实力的形成在于城市对物质资源的垄断特性，包括对资源、能源以及土地、人口、科技等的控制，垄断性越强则城市硬实力越强。而城市软实力具有软硬结合的特性，有形资源部分具有垄断性特征，但文化吸引力、价值观、市民素质、市民形象、城市影响力等不具垄断性，而是在扩散与传播过程中不断增强，因此具有典型的非排他性。在全球化和互联网时代，城市文化、城市价值观、城市形象和影响力都需要广泛地实现传播，才能真正对城市软实力提升提供支持。

3. 城市软实力的非强制性

城市硬实力是一种控制力和强制力，往往以客观物质资源的排他性来实现，进而改变他人的意愿。但城市软实力不同，它是一种吸引力、一种亲和力、一种感召力，是通过一种非强制的力量来影响和改变他人的意愿。比起强制性手段建立的关系，城市软实力往往通过文化渗透、价值观塑造、素质和形象感知等产生一定影响力和感召力，进而使其他人从内心佩服而自愿学习或者接近，形成更为良好的合作机制。在互联网快速发展的信息时代，通过宣传、媒介、体育、文化、教育等实现软实力提升变得越来越重要，这种非强制性的实力结合影响力，可以大大提升城市综合实力。

4. 城市软实力的影响深远性

城市软实力是一种潜移默化影响和塑造他人意愿的同化能力，这种无形的、间接的扩散性影响力，往往需要很长时间才能发挥作用，但往往带来深远的影响。比如历史上的雅典、罗马等文明城市，尽管当下不再如纽约、伦敦等全球城市那么强大，但其在历史进程中所形成的对世界文化的影响力是长远深刻且持久的。

1.3.2　国际大都市软实力的独特性

城市软实力有其共性特点和运行机制，但是不同规模等级、不同愿景目标的城市在软实力方面又有其个性特质。上海是中国最大的城市和经济中心城市，在新一轮发展中提出"社会主义现代化国际大都市"的愿景目标。本部分以上海为例，探讨城市软实力的共性特点和国际大都市软实力个性特质相结合的情况，从开放性、动态性、结构性和系统性四大特性出发，把握国际大都市软实力的理论内涵和推进路径。

1. 国际大都市城市软实力的开放性

与一般城市发展的基础和定位不同，定位于国际大都市的城市往往面向的是国际层面的城市竞争，其经济、社会、文化甚至历史都有对外部世界开放的特性，这也决定了其城市软实力的外部开放性特征。

上海经济发展和城市建设已经迈入全球城市的前列，但在软实力方面，相较纽约、伦敦等全球城市仍有一定差距。一般城市软实力强调文化发展、城市宜居、治理水平等内容，国际大都市软实力还强调国际影响力，包括世界政治、全球事务及国际形象等内容构建。因此，上海提升城市软实力，必须基于在世界城市网络中提升城市能级和核心竞争力、加快建设成为具有世界影响力的社会主义现代化国际大都市、具有全球影响力的长三角世界级城市群的核心引领城市、为实现"两个一百年"奋斗目标和中华民族伟大复兴中国梦作出新的更大贡献等全新视角进行工作设计，向世界讲述上海故事，提升上海城市的国际形象，这是上海城市软实力开放性的内在要求，也是上海城市软实力与一般城市的不同站位高度使然。

2. 国际大都市城市软实力的动态性

哈佛大学教授约瑟夫·奈最早提出的"软实力"是一个国际关系概念，包括政治制度的吸引力、文化价值的感召力和国民形象的亲和力等释放出来的影响力。之后，"软实力"就表现出了较大的动态性特征，先是持续衍生出了区域软实力、企业软实力、城市软实力等各种类型和尺度的软实力；之后，"软实力"发展内涵不断丰富，除文化、制度、价值观、国际形象等之外，包括外交政策道义和正当性，处理国际关系时的亲和力，发展道路和制度模式的吸引力，对国际规范、国际标准和国际机制的导向、制定和控制能力等都成为重要内容。

城市软实力同样具备动态性发展的特点。第一，在当前城市发展条件、格局形态、动力机制和治理模式都发生深刻变化的情况下，上海软实力建设必须要紧跟时代发展步伐，把握新发展阶段、贯彻新发展理念和服务新发展格局。习近平总书记强调，"核心价值观是文化软实力的灵魂"，上海是中国共产党诞生地和初心始发地，建党精神和革命先辈的崇高精神已经完全融入这座城市发展的血脉中，通过培育和践行社会主义核心价值观、弘扬中华民族文化和精神，可塑造上海这座社会主义现代化国际大都市独特的气质，塑造全社会乃至国际社会对于中国特色社会主义的情感认同、价值认同。第二，浦东开发开放引领的经济发展成就和培育的昂扬奋进精气神，增强了上海与全球城市对话的志气。党员干部志存高远、追求卓越，以开放视野放眼全球，勇挑重担、勇啃硬骨，不断彰显激情。人民群众要发扬主人翁精神、敬业乐业，深入推进精神文明创建活动，把城市精神内化于心、外化于行，最终化为城市发展进步的不竭动力，更好地展现新时代上海人民充满家国情怀、引领风气之先、更加开放包容的形象。第三，随着互联网和数字经济发展，城市建设和管理都进入新时代，科技创新成为引领城市发展的活力，数字转型推动城市治理现代化，包括一流的营商环境、高效的政务服务、安全的生活环境、便捷的公共服务等都是新时代上海城市软实力的新内容。

3. 国际大都市城市软实力的结构性

在最早的概念体系中，文化软实力即城市软实力。但随着研究的深化和实践工作的推进，软实力包含的内容越来越丰富，如文化繁荣度、城市治理体系、创新创业生态、城市宜居度、营商环境、国际影响力、国际沟通力、城市形象等都是重要维度，结构性特征也更为明显。其中，文化繁荣度、城市治理体系、创新创业生态、城市宜居度、营商环境体现了城市内在凝聚力和治理能力，国际影响力、国际沟通力主要体现了城市的外部影响力，城市形象则是上述内外要素的综合表现。

文化繁荣度要求打造更具国际影响力的文化产业高地，激活"源头"和勇立"潮头"，集聚世界一流的文化企业、机构和人才，在影视演艺、艺术品交易、创意设计、电竞游戏等领域实现更好发展，推动更多国际节展和赛事、旅游活动等落地上海，培育更多原创性文化精品，演绎上海精彩故事并走向国际市场，打造东西方文化交流的"码头"。城市治理体系要求建设体现社会主义制度优势的超大城市现代化治理之路，着力化制度优势为治理效能，像绣花一样治理城市。创新创业生态就是要打造活力澎湃的"创新之城、人文之城"，让上海这座城市人才荟萃、创意思想横溢，前沿科技和先进创意不断涌现，演绎上海发展奇迹和动人故事。城市宜居度重点突出人的感受这一衡量标尺，让本地居民、外来人士等感受到最棒的宜居、宜业、宜学、宜游城市环境，享受舒适生活、极致服务和品质体验。营商环境更多体现的是市场化、法制化、国际化的市场环境，要全面提升行政效率和优化服务管理，推进制度政策透明化、投资贸易便利化和法制体系完善化。国际影响力要求积极参与全球治理体系变革，积极参与国际规则和标准的制订，吸引更多国际组织总部和外国官方代表机构、国际经贸和文化活动入驻上海，设置更多全球发展议题并提供更多国际公共产品，突出中国大国责任感和使命感。国际沟通力是指提升国际传播力和联系力，积极构建国际交流体系和交流平台，通过赛事、会展、节庆、论坛等，吸引更多外国人常住上海、更多国际商务人士和游客往来上海，打造上海城市品牌。以上所有因素综合作用，建构国际国内社会对上海普遍认可的城市形象，形成城市最具价值的"无形有质"软实力资产。

4. 国际大都市城市软实力的系统性

"城市软实力"是相对于经济发展、城市基础设施等"城市硬实力"而言的概念，内在统一于城市综合实力。将硬实力与软实力进行比较联系，发现有两个明显特点：第一，硬实力和软实力具有不同的特性和作用。在当前全球化浪潮、信息革命和网络时代的背景下，硬实力是一切工作和发展的有形载体，软实力则具有超强的扩张性和传导性，对人类的生活方式和行为准则产生巨大影响。第二，硬实力和软实力紧密联系、相互依存。它们不是简单的加减关系，而是相辅相成、系统集成，作为无形资产，城市文化、制度及特定形象的构建均需要文化载体、政治结构、基础设施等"硬件"支撑，而"软件"提升又能改善"硬件"的品质。通过与硬实力的互动作用，城市软实力的系统性表现更为明显。

以"软实力"融合"硬实力"。作为载体硬实力的内容，软实力可以渗透到硬实力中并丰富载体内涵，让城市建设、科技创新、人居环境、公共空间等更有文化情调和艺术气息，从而提升城市建设的能级和品质。以"软实力"优化人文素质。上海城市软实力以社会主义核心价值观为灵魂，大力弘扬"海纳百川、追求卓越、开明睿智、大气谦和"的城市精神和"开放、包容、创新"的城市品格，把城市精神品格"内化于心、外化于行"，让信仰之力、理想之光凝聚人民力量，推动人人起而行之，不断优化居民的人文素养。在上海新一轮城市总体规划中提出到2035年建设卓越的全球城市目标，这是"五个中心"建设的自然延伸，更多体现为经济性和硬实力。但是全球城市不是上海城市发展的终极目标，更多的是一个过程目标。伟大城市的关键所在是对人类文明的贡献，比如雅典贡献了奥运会，罗马、佛罗伦萨启动了文艺复兴，伦敦创办了世博会，纽约孕育了后现代主义思潮，若要以软实力界定上海面向2050年的城市发展目标，那就是"全球文明城市"。为此，在提升城市软实力进程中，上海当以中华民族伟大复兴、中西文化交流为助推器，建设繁荣文明的城市，最终在人类城市文明史上占一席之地。

第2章　城市软实力评估指标体系构建

　　哈佛大学教授约瑟夫·奈在20世纪90年代初首提"软实力"（Soft Power）概念，彼时主要分析的是"国家软实力"，没有具体到城市尺度的研究，也无固定的研究范式。之后，国际国内学者均对这一概念进行了深化研究。在新时代，中国共产党上海市第十一届委员会第十一次全体会议审议通过了《中共上海市委关于厚植城市精神彰显城市品格全面提升上海城市软实力的意见》，以习近平总书记对上海城市精神和城市品格的提炼概括为指导，通过六个维度的工作框架设计，形成城市软实力的"上海概念"，这为中国学者进行城市软实力研究构建了基本框架。

　　为进一步形成对实践工作的指导，必须了解当前城市软实力各个具体领域的基本情况，以判断不同城市软实力领域的长处和不足，进而针对"长板、短板"提出相应工作建议。因此，需要构建一个综合的科学指标体系，并进行国际城市软实力发展比较。通过对城市软实力概念和内涵的深入分析，本章科学构建城市软实力评估指标体系，基于"数据说话"，再进行国际比较视野下的城市软实力评估，以更好地把握当前上海城市软实力的基本情况。此外，还可以更好地逐步推动城市软实力工作统计体系、绩效考核及标准体系的系统建设。

2.1　指标体系构建原则

课题组依据层次分析法的组织逻辑，尝试构建两级指标体系。其中一级指标设计参考《意见》中的六个工作维度，对城市软实力的概念进行规范化和简明化概括，二级指标设计直接针对城市软实力某个细分领域进行具体化描述。对城市软实力的定量测度主要包含两条路径：一是测度其资源，二是测度其状态。测度资源是为了考察城市软实力的未来发展潜力，测度状态则是对城市软实力的现状水平进行客观评估。结合以上两条路径，课题组依据科学性、系统性、可比性及实用性等原则，构建城市软实力评估指标体系。

1. 科学性

科学性主要体现在理论研究与实践工作结合、采用科学研究方法等方面。城市软实力指标体系的设计要以科学理论作为指导，构建结构严谨的城市软实力评估逻辑框架。此外，要应用科学、严谨和规范的定性定量研究方法，体现评估的规范化和合理性。

2. 系统性

城市软实力是一个综合的经济社会框架。系统性即要求指标体系的设计是全面的，又要求各指标尽量避免相互干扰。因此，课题组在设计指标体系时，一方面根据对城市软实力内涵的分析，对城市软实力进行科学解构，在每个层次分别设计代表性指标；另一方面同层次指标设计尽可能实现界限分明，减少指标的层次和数量。

3. 可比性

可比性指城市软实力可以在不同时期及不同城市对象之间进行比较。这要求指标体系中各个指标能够统一标准、内涵和外延，各个城市的指标统计具有历史延续性，同时还具有相同的统计口径和参考值。即使为定性指标，不同城市也可以通过相同的标准设置实现打分。

4. 实用性

实用性是指标数据的可得性和可操作性。可得性指数据有可靠的数据来源且易于采集。可操作性则是指标体系简约不繁琐，各项指标都便于科学统计和计算，继而可以落实到城市发展实践中。

专栏 2-1：《意见》中的软实力逻辑

全面提升上海城市软实力，是在坚持和发展中国特色社会主义道路上的具体实践，必须充分展现中国特色城市发展道路的政治优势和制度优势，充分彰显中国特色社会主义制度的巨大优越性和蓬勃生命力，并在此基础上着力打造具有鲜明标识的城市软实力特质，在上海这座城市，就是要形成既讲规则秩序、又显蓬勃活力，既有国际风范、又有东方神韵，既能各美其美、又能美美与共，既可触摸历史、又能拥抱未来，既崇尚人人奋斗出彩、又体现处处守望相助，那样一种干事创业热土、幸福生活乐园的生动图景。

2.2　指标体系框架

2.2.1　指标体系设计

课题组立足于城市软实力的"上海概念"及其引导的具体工作方案，构建由6个一级指标及32个二级指标构成的城市软实力评估指标体系（见表2-1）。主要考虑如下：首先，指标体系构建必须要体现理论全面性和实践科学性。其次，软实力指标体系往往会体现为某国或者某个城市的特色，需要进行一定的转化或替代，实现国际通行和可比。再次，指标体系构建要求全面体现城市软实力的各个维度，在指标特别是二级指标设计的时候，就必须要考虑选取典型指标，以减少指标的数量，避免繁杂造成的数据采集不可操作性。此外，在新技术革命发展的大背景下，数字化转型已经成为上海及其他国际城市重要发展方向，本章充分融合数字化转型趋势，在指标体系设计中吸纳数字化发展的多项指标，但将受数字化影响较大的一些传统考察指标适当予以剔除，比如图书馆、书店、电影院线等。

本书关于城市软实力评估指标体系的一级指标包括：市民素养、文化建设、治理效能、创新创业生态、人居环境、国际影响。

1. 市民素养

城市软实力的核心在"人"，精神内核最终也要体现在市民对于城市和社会的认知和行动中，包括言行、素质、形象和精神风貌等，因此，通过市民素养指标可以反映核心价值观的社会弘扬效果。

市民素养包括5个二级指标：市民对社会主流价值观的认可度、人均受教育年限、青少年科学素养、注册志愿者占城镇人口的比重、市民文明形象。"市民对社会主流价值观的认可度"主要指市民对政府宣扬和代表的主流价值观的认可，是一种情感认同、价值认同。"人均受教育年限"反映市民的知识教育和人文素养，考察市民敬业乐业、专业精细、重信守约、理性自律的情况。"青少年科学素养"反映市民（以青少年为主）通过学习和实践，个人具备的科学观念和科学能力。"注册志愿者占城镇人口的比重"测度市民的社会公德意识和奉献意愿，考察全社会同舟共济、友爱友善、和睦和谐的状态。"市民文明形象"反映居民将城市精神和品格内化于心、外化于行的程度，包括市民责任意识、契约精神、科学观念及较高的人文素养。此外，还有市民身体素养考核，采用人居环境下的居民平均预期寿命进行考察。

专栏 2-2：《意见》着力弘扬社会主义核心价值观，铸牢城市软实力的精神内核

习近平总书记强调，"核心价值观是文化软实力的灵魂"。上海作为党的诞生地、初心始发地，必须在培育和践行社会主义核心价值观上走在前列，大力弘扬民族精神和时代精神，大力弘扬城市精神和城市品格，以不懈的追求、澎湃的活力、宽广的胸怀，奋力创造新时代新奇迹、不断展现现代化新气象。

（一）坚守共产党人的精神家园。坚持用共产党人的精神谱系感染人、激励人，让建党精神在上海永放光芒，让革命先辈的崇高精神薪火相传。在全社会广泛开展党史、新中国史、改革开放史、社会主义发展史宣传教育。充分用好用活上海丰富

的红色资源，引导人们走进红色旧址遗址和设施场馆，追寻初心之路，感悟理想之光、信仰之力，把红色传统发扬好、红色基因传承好。充分运用改革开放的生动场景特别是浦东开发开放的显著成就，引导人们真切感受发展的变化，深切感悟党的创新理论的实践力量、真理力量，进一步增进对中国特色社会主义的情感认同、价值认同，不断增强奋斗新征程、共筑中国梦的自豪感和责任感。

（二）焕发昂扬奋进的精神风貌。推动习近平总书记考察上海重要讲话精神深入人心，把习近平总书记的殷切嘱托化为全市上下奋力攻坚的强大动力和善作善成的生动实践，推动上海在新时代奋楫争先、勇立潮头。大力弘扬浦东开发开放以来形成的精气神，不断增强敢跟全球顶级水平对话的志气，强烈渴望建功立业的心气，艰苦奋斗、忘我工作的朝气。引导广大干部群众志存高远、追求卓越，以更加开阔的视野放眼全球、放眼全国，敏锐把握发展的趋势和潮流，更好地集世界之智、学各地之长、创上海之新。大力弘扬奋斗有我的主人翁精神，形成劳动最光荣、劳动最崇高、劳动最伟大、劳动最美丽的社会氛围，充分调动人们干一行、爱一行、钻一行的积极性，让敬业、乐业、专业成为每个人的自觉追求。充分发挥党员干部的先锋模范作用，营造比学赶超、干事创业的浓郁风气，勇于挑最重的担子、啃最难啃的骨头，更好彰显充满激情、富于创造、勇于担当的上海干部队伍特质，自觉做负重前行的人、披星戴月的人、鞠躬尽瘁的人。

（三）塑造新时代市民的新形象。大力推动社会主义核心价值观落细、落小、落实，深入推进群众性精神文明创建活动，深化市民修身行动，厚植责任意识、契约精神、科学观念、人文素养，倡导重信守约、专业精细、认真务实、理性自律，把城市精神品格内化于心、外化于行，更好展现新时代上海市民充满家国情怀、引领风气之先、更加开放包容的形象。推动人人起而行之，在风雨来袭时同舟共济、共克时艰，在承平顺境时毫不懈怠、奋发进取，在日常岗位上精益求精、追求极致，在平时生活中友爱友善、和睦和谐，真正把城市精神品格化为每个市民精神成长的丰厚滋养，化为城市发展进步的不竭动力。

2. 文化建设

锚定建设"具有世界影响力的社会主义国际文化大都市"的目标，必须坚持大力提升文化软实力，推进文化平台建设、文化精品培育以及城市历史文脉传承等核心工作。文化软实力有世界性与本地性相结合的典型特征，因此指标设计过程中的关键工作是提炼城市典型指标，同时还要确保该指标具有国际可比性。

文化建设包括 5 个二级指标：城市节庆活动的国际影响力、文化产业从业人员占全社会从业人员比重、城市 100 公里范围内世界文化遗产数量、博物馆数量、剧场及其他场所演出场次。"城市节庆活动的国际影响力"反映城市各种文化节庆活动、文化平台、文化产品以及文化资产等产生的文化国际影响力。"文化产业从业人员占全社会从业人员比重"则反映城市文化产业对于城市经济发展的重要程度。"城市100公里范围内世界文化遗产数量"包括物质文化遗产和非物质文化遗产，反映了城市及周边区域历史文化遗产的传承性和影响力。"博物馆数量""剧场及其他场所演出场次"分别反映城市文化艺术场馆、文化消费市场的规模和活力。

专栏2-3：《意见》着力提升文化建设品位，塑造城市软实力的神韵魅力

习近平总书记强调，"文化自信是更基本、更深沉、更持久的力量"。必须紧紧围绕大力提升文化软实力，锚定建设具有世界影响力的社会主义国际文化大都市的目标，坚持不忘本来、吸收外来、面向未来，在做强"码头"、激活"源头"、勇立"潮头"中打响"上海文化"品牌，使红色文化、海派文化、江南文化在交相辉映中激发创造活力，在世界文化交融激荡中绽放独特光彩，打造更富独特魅力的人文之城，让世人更好地感知中国风、东方韵。

（一）构筑更具国际影响力的文化高地。以海纳百川的胸怀推进中外文化交流交融，营造开放包容的文化环境，集聚世界一流的文创企业、文化机构、领军人才，打造更高水准的文化地标集群、更高人气的文化交流舞台、更高能级的文化交易平台，加快建设全球影视创制中心、国际重要艺术品交易中心、亚洲演艺之都、全球电竞之都、网络文化产业高地、创意设计产业高地。持续打响中国上海国际艺术节、上海国际电影节、

上海电视节、上海旅游节、上海之春国际音乐节、上海时装周、上海书展、上海国际马拉松赛、F1 中国大奖赛、上海 ATP1000 网球大师赛等节展赛事品牌，推动海内外优秀文化作品首发、首演、首映、首展，提升世界著名旅游城市和全球著名体育城市的影响力、吸引力，建设近悦远来的国际"文化会客厅"和"旅游首选地"。鼓励各类文化流派百家争鸣、文艺创造百花齐放，让前沿的对话、高雅的艺术、新潮的剧目、先锋的作品在上海登场亮相，努力成为世界文化艺术发展的一个重要风向标。

（二）培育涌现更多原创性的文化精品。实施"上海文艺再攀高峰工程"，聚焦时代命题和重大主题，在文学、电影、电视、舞台、美术、群众文化、网络文艺等领域推出更多"上海原创""上海制作""上海出品"的传世之作，推动开发更多演绎上海故事、传播上海精彩、镌刻上海印记的文化"爆款"。完善尊重原创、鼓励"冒尖"、呵护创新的激励机制，加大对文化"精品、优品、新品"的支持力度，引导促进青年文化艺术人才、网络原创作者、街头艺人等健康发展，培育更多具有世界眼光、家国情怀的名家大师，让更多的人在上海实现艺术梦想。大力推进数字化深度赋能，加快文创产业与科技、商务、旅游、体育等融合发展，培育更多有竞争力的文化领军企业、"小巨人"企业，让人们获得虚拟现实、交互娱乐、智慧旅游、数字文博等文娱新体验。

（三）保护传承"最上海"的城市文脉。以珍爱之心、尊崇之心善待历史遗存，加强对历史建筑、风貌街区、革命遗址、工业遗迹的保护利用，探索传统历史文化更富创意的"打开方式"，推动更多"工业锈带"变为"生活秀带""文化秀带"，让人们更好感受"里弄小巷石库门、梧桐树下小洋房"的独特气质。推进城市记忆工程，传承发展戏曲曲艺、民间艺术、手工技艺等非物质文化遗产，留存好古意古韵的水乡古镇，保护好吴侬软语的本土方言，努力使典籍中的上海、文物中的上海、遗迹中的上海在穿越时空中活态呈现。促进公共文化服务体系社会化、专业化发展，深入实施建筑可阅读、街区可漫步、滨水可游憩，大力推进文化场馆、体育设施、公园绿地等向社会开放，培育打造市民可亲近、可参与、可展示的文化新空间和休闲好去处，让人们拥有诗意栖居、浪漫生活的美好家园。

3. 治理效能

探索具有中国特色、体现时代特征、彰显我国社会主义制度优势的超大城市治理发展之路，是上海提升城市治理的重要目标。城市治理效能涵盖的领域较为广泛，打造善治城市典范，就需要推动城市治理模式、治理方式和治理体系创新变革，包括：城市治理效能要体现城市治理的精细化、法治化，构建政府重透明、市民讲诚信、市场守契约的良好社会氛围。此外，随着现代化信息技术手段的发展，数字智能化在提升城市治理效能中发挥着愈加重要的作用。善治典范城市还必须注重安全性和发展韧性，增强市民和游客的安全感。

治理效能包括6个指标：基层民主参与率、城市数字化公共服务、公共数据开放规模、合同可执行性、凶杀案件数量、自然灾害韧性度。"基层民主参与率"反映人人参与社会治理的能力和水平，

体现了人民在城市治理中的作用地位。"城市数字化公共服务"和
"公共数据开放规模"反映城市提供公共服务的水平和政府信息透明
度，还体现政府数字化管理和智能化服务的能力。"合同可执行性"
反映包括居民和企业主体在内的社会整体诚信情况。"凶杀案件数量"
反映城市安全状况。"自然灾害韧性度"反映城市在遭受高温、洪涝、
地震等自然灾害后快速恢复的能力。

专栏 2-4：《意见》着力构建现代治理体系，
展现城市软实力的善治效能

习近平总书记强调，上海要"不断提高社会主义现代化国
际大都市治理能力和治理水平"，"探索具有中国特色、体现时
代特征、彰显我国社会主义制度优势的超大城市发展之路"。必
须推动治理手段、治理模式、治理理念创新，率先构建经济治
理、社会治理、城市治理统筹推进和有机衔接的治理体系，把
制度优势转化为治理效能，走出一条符合超大城市特点和规律
的治理新路子。

（一）全力打造善治城市典范。依托政务服务"一网通办"
和城市运行"一网统管"两张网建设，以智能化为突破口，推
动城市治理模式创新、治理方式重塑、治理体系重构，让城市
运行更有序、管理更高效、服务更精准，形成可复制可推广的
超大城市治理方案。以绣花般功夫推进城市管理精细化，坚持
高标准引领，在细微处下功夫、见成效，深入推进美丽街区、

美丽家园、美丽乡村建设，把服务管理的触角延伸到城市的每一个角落，努力打造精细极致、富有温度的超大城市管理精细化样本。做实社区综合管理服务体系，做强家门口服务功能，做优共治自治平台，激活基层社区每一个细胞单元，让人人有序参与治理的生动实践处处可见。

（二）坚持把法治作为最根本的治理方式。彰显法治固根本、稳预期、利长远作用，着力推进全面依法治市，让人民群众在每一项法律制度、每一个执法决定、每一宗司法案件中感受到公平正义，使法治环境好成为上海的重要标志。完善社会信用体系建设，形成重契约、讲诚信的良好社会氛围。坚持把全过程民主贯穿到城市生活的各个方面，加强经济社会重大问题和涉及群众切身利益问题的协商，及时有效化解社会矛盾，营造更加和谐稳定的社会氛围。坚持把安全作为城市软环境的硬指标，构筑城市安全预防体系，加强韧性城市建设，全面提升城市功能韧性、过程韧性、系统韧性，强化风险防控和应急处置能力，不断提升市民的安全感，使上海始终位于全球最安全城市前列。

（三）积极参与全球治理体系变革。以推进浦东高水平改革开放、落实"三大任务、一大平台"、打造虹桥国际开放枢纽、全面深化"五个中心"建设为载体，以强化全球资源配置功能、科技创新策源功能、高端产业引领功能、开放枢纽门户功能为引领，着力推动规则、规制、管理、标准等制度型开放，积极参与国际规则、标准制定。更好发挥自贸试验区及临港新片区试验田作用，实行更大程度的压力测试，在若干重点领域率先实现突破。持续打造市场化、法治化、国际化营商环境，全面优化综合服务环境，把上海建设成为贸易投资最便利、行政效率最高、服务管理最规范、法治体系最完善的城市之一。吸引更多国际机构组织、会议、活动入驻，塑造、提升城市的国际竞争力和国际交往能力。进一步打响虹桥国际经济论坛、世界顶尖科学家论坛、浦江创新论坛、世界人工智能大会、陆家嘴论坛、上海市市长国际企业家咨询会议等品牌，主动设置全球城市议题，积极传递中国声音和中国主张，为促进全球开放合作提供更多国际公共产品。

4. 创新创业生态

创新创业生态是保障城市发展活力的重要源泉，具有高水平软实力的城市对国际人才有较高吸引力，是拥有先进思想、前沿科技、高科技产业和开放共享的试验场。先进的思想和前沿科技，保障城市成为引领未来经济社会发展的创新策源地。高科技产业的发展和开放共享的试验场能够为创新创业发展提供肥沃土壤，吸引更多创新要素集聚，推动城市数字化转型和创造最具未来感的城市形态和城市生活。

创新创业生态包括 5 个指标：软科世界大学排名 TOP500 得分、风险资本吸引额、城市对外籍人才吸引力、近五年 PCT 专利占全球比重、独角兽企业数量。"软科世界大学排名 TOP500 得分""风险资本吸引额""城市对外籍人才吸引力"代表创新要素的集聚和成长情况，其中"软科世界大学排名 TOP500 得分"代表知识策源和增长情况；"风险资本吸引额"反映社会对科技创新创业的金融支持力度；"城市对外籍人才吸引力"反映城市吸引国际科技人才的能力和规模。"近五年PCT专利占全球比重""独角兽企业数量"代表创新创业产出的情况，其中"近五年PCT专利占全球比重"代表高水平科技能力在全球科技创新中的地位；"独角兽企业数量"反映城市战略性新兴产业的培育和发展成效，是创新创业生态的产业成果。

专栏2-5：《意见》着力优化创新创业生态，焕发城市软实力的发展活力

习近平总书记强调，"抓创新就是抓发展，谋创新就是谋未来"。必须坚持创新在发展全局中的核心地位，打造更具澎湃活力的创新之城，让这座城市遍布想创造、能创造、善创造的主体，充满先进的思想、优秀的作品、璀璨的文艺、前沿的科技，持续不断地创造发展的奇迹、涌现英雄的人物、演绎动人的故事。

（一）打造引领未来的创新策源地。敢创世界和未来之新，推动学术新思想、科技新发明、产业新模式、文化新潮流持续涌现，努力实现更多"从0到1"的突破。聚焦张江科学城，加大对前沿领域、基础研究的力量布局，发起和参与国际大科学计划和大科学工程，创造更多颠覆性技术、原创性成果。深化跨界融合创新，大力发展创新型经济、服务型经济、总部型经济、开放型经济、流量型经济，加快实施集成电路、生物医药、

人工智能三大"上海方案",推动中国芯、创新药、智能造、蓝天梦、未来车、数据港等蓬勃发展,引领未来都市经济的发展方向。建设一批享誉国际的学术高地和新型智库,成为全球智慧交融之地。

(二)建设开放共享的创新试验场。集聚高端创新元素,包容多元创新互动,让先进理念率先在这里应用、未来生活率先在这里体验。坚持走开放创新之路,提升重大创新平台能级,构建更高水平全球创新网络,促进人才流、信息流、科技流、文化流等充分流动,为创新创业提供最全要素。推动资源优先向创新配置,全力打造国际知识产权保护高地,更好利用资本市场支持创新创造,提供精准扶持政策,联动全球创新资本,为创意生长提供丰厚土壤。积极探索未来城市形态,全面推动城市数字化转型,持续推进场景开放、数据赋能、制度供给,鼓励新设计、新技术、新模式广泛应用,创造最具未来感的都市生活。

(三)营造英才汇聚的创新"强磁场"。聚天下英才而用之,向各类创新主体敞开大门,为探索未来、成就梦想提供更大舞台。实施更加开放更加便利的人才引进政策,打响"海聚英才"品牌,建设世界顶尖科学家社区。加快一流大学和一流学科建设,加大基础研究领域青年人才梯队扶持力度,提升上海教育的国际影响力,努力成为青年人的向往之地。坚持创新不问"出身",建立科技攻关"揭榜挂帅"机制,大力发展新型研发机构,完善以增加知识价值为导向的激励机制,打破一切制约创新的束缚，让创造活力竞相迸发。大力弘扬科学家精神、企业家精神、工匠精神，提升市民科学素养，鼓励创新、宽容失败，让城市处处涌动创新创业的激情。

5. 人居环境

城市软实力发展必须把"人的感受"作为最根本的衡量标尺。习近平总书记提出希望上海"开创人民城市建设新局面"，首先要不断优化城市生活环境、提高城市服务品质，最终打造更加和谐宜居的生态之城。

人居环境包括 6 个指标：街道和开放空间占建成区比例、建成区公共绿地率、空气质量优良（PM2.5<75 微克/立方米）天数占比、城市人均碳排放量、居民平均预期寿命、城市轨道交通运营里程。"街道和开放空间占建成区比例""建成区公共绿地率"代表了城市生活空间的质量，可以为市民提供高品质的生活，其中"街道和开放空间占建成区比例"体现城市公共活动空间的配置情况，"建成区公共绿地率"直接体现了城市生活环境的绿化水平。"空气质量优良（PM2.5<75 微克/立方米）天数占比""城市人均碳排放量"体现了城市空气质量的情况，其中"空气质量优良（PM2.5<75 微克/立方米）天数占比"体现城市空气质量的优劣，"城市人均碳排放量"则反映城市生产生活对城市环境造成的长期影响。"居民平均预期寿命"反映城市当前医疗水平和能力，也是城市居民生活水平的重要表现指标。"城市轨道交通运营里程"反映城市快速公共交通的便捷度，轨道交通是实现城市内部各区域之间快速联系沟通的重要交通设施，是当前发达国家国际城市现代化基础设施的标准配置。

专栏 2-6:《意见》着力打造最佳人居环境，彰显城市软实力的生活体验

习近平总书记强调，"人民城市人民建，人民城市为人民"，希望上海"开创人民城市建设新局面"。必须坚持把人的感受度作为最根本的衡量标尺，把宜居、宜业、宜学、宜游的城市环境建设摆在突出位置，把最好的资源留给人民，全方位营造舒适生活、极致服务和品质体验，打造更加和谐宜居的生态之城，让越来越多的人向往上海、来到上海、留在上海、喜欢上海、宣传上海。

（一）塑造打动人心的"城市表情"。加强城市规划和设计引领，塑造注重人情味、体现高颜值、充满亲近感、洋溢文化味的"城市表情"，让城市更有温度、更为雅致、更有韵味。强化小尺度、开放式理念，让街区更加宜人。使"城市家具"兼具功能必备品和耐看艺术品的双重属性，让设计感、时尚潮、文艺范涌动在城市大街小巷，营造更多让人看一眼就喜欢、越细品越有味道的城市意境。聚焦功能品质提升，完善"一江一河"沿岸公共设施配套。坚持高起点规划建设，打造环城生态公园带，提升人城相融、园城一体的城市公园与游憩绿地系统。持续加大生态环境整治力度，全面提升城市生态环境品质，使绿色成为城市发展最动人的底色。积极践行低碳城市理念，让低碳绿色和生态友好成为城市形象、品质和责任感的重要标志。

（二）打造满足品质生活的服务体系。着眼于满足人们对美好生活的多元多样多层次需求，在提供普惠均衡的基本公共服

务基础上，大幅增加高质量和国际化的教育、医疗、养老、文旅、体育等优质资源和制度供给，推进15分钟生活圈建设，用优质公共服务吸引人才、满足市民。提高突发公共卫生事件应急处置能力，建设全球公共卫生体系最健全的城市之一。打造上海国际消费中心城市，提升"五五购物节"全球影响力，让上海成为全球消费目的地和"购物天堂"。深入推进食品安全示范城市建设，打造具有全球吸引力的美食之都。坚持"房住不炒"定位，优化"四位一体"住房保障体系，推进保障性租赁住房建设。深化就医、交通等生活领域数字化转型，创造内容丰富、便捷可及的数字化新体验。

（三）构建引领未来生活的城市空间。发挥空间布局对城市发展的导向作用，以优化城市空间格局引领未来城市生活。统筹城市有机更新和历史风貌保护，坚持留改拆并举，加快推进旧区改造、城中村改造、城市更新，把更多的城市更新区域变成绽放地带，打造生产、生活、生态相互融合，功能、形态、环境相互促进的新空间。按照最现代、最生态、最便利、最具活力、最具特色的要求，把嘉定、青浦、松江、奉贤、南汇等五个新城建设成为引领潮流的未来之城、诗意栖居之地，让工作、生活、扎根在新城成为人们的优先选项。坚持生态立岛兴业惠民，把崇明打造成为具有国际影响力的世界级生态岛。发挥好大都市乡村靓丽底板功能，凸显农业农村的经济价值、生态价值、美学价值，把乡村打造成为大都市的后花园，让珍视乡村、回归乡村、建设乡村成为新潮流。

6. 国际影响

城市软实力最终会转化为国际社会对城市的某种认识或印象，就此形成城市形象，这需要借助足够的国际影响力。国际影响是城市软实力所有要素的综合表现，是城市最具价值的无形资产，包括塑造城市品牌和符号体系，提升城市国际传播渠道和国际影响力，构筑国际交往平台等。

国际影响包括 5 个指标：常住外国人口比例、国际会议数量、世界 500 强企业总部数量、国际游客数量、城市品牌国际关注度。"常住外国人口比例"反映城市对国际人口的持久吸引力，体现城市社会结构和文化结构的多元性。"国际会议数量""世界 500 强企业总部数量"分别代表城市国际政治和经济的影响力。"国际游客数量"反映城市历史文化和社会资产对国际游客的吸引力和传播力。"城市品牌国际关注度"体现城市被其他国家电视台及报纸等重要媒体关注的情况，被认为是最能综合体现城市国际影响力的指标之一。

**专栏 2-7:《意见》着力增强全球叙事能力，
扩大城市软实力的国际影响**

习近平总书记强调，要"下大气力加强国际传播能力建设，形成同我国综合国力和国际地位相匹配的国际话语权"。必须全面提升国际传播能力和国际影响力，更好向世界展示传统与现代交融、本土与外来辉映、有序与灵动兼具、文明与活力并蓄的社会主义现代化国际大都市形象。

（一）塑造城市品牌形象。以"上海元素"为核心，构筑城市战略品牌，让独具特色的都市魅力精彩绽放。提炼体现独特内涵的上海城市形象视觉符号体系，精心设计城市地标、城市天际线、城市徽标、城市标语等形象标识。持续打响"上海服务""上海制造""上海购物""上海文化"等"上海品牌"，树立一批有口皆碑的新时代品牌标杆。建设上海城市形象资源共享平台，打造展示上海城市形象的优秀案例和品牌。支持鼓励方方面面使用上海城市形象对外推广标识、标语。

（二）讲好精彩城市故事。以"上海实践"为题材，加强国际传播能力建设，传播好中国精神和中国价值观。深化国际传播理论研究，掌握国际传播规律，创新全球叙事方式，充分展示人民城市建设、超大城市治理等成功实践，讲好中国共产党治国理政的故事、中国人民奋斗圆梦的故事、中国坚持和平发展合作共赢的故事。打造具有国际影响力的媒体集群，提升国际传播的话语权和影响力，提升上海城市的知名度和美誉度。发挥"感知上海"平台作用，建强适应新时代国际传播需要的专业人才队伍，鼓励和支持各类民间主体参与对外传播，营造"人人都是精彩故事传播者"的良好氛围。

（三）构筑对外交流平台。以"上海主场"为载体，构建国际交流体系，加强多层次文明对话，增进国际社会对上海的了解和认同。用好中国国际进口博览会、世界城市日等重大平台，通过举办国际赛事、会展、节庆、论坛等重大活动，提升上海城市国际形象。积极开展"中华文化走出去"，开展"魅力上海"城市形象推广。推进城市外交、民间外交和公共外交，深化友城交流，加强教育、文化、旅游、卫生、科技、智库等多领域合作，扩大海外"朋友圈"。优化长三角传播资源，联合开展对外交流合作，合力提升长三角城市群的国际影响力。

表 2-1　城市软实力评估指标体系

一级指标	二级指标
市民素养	（1）市民对社会主流价值观的认可度（%）
	（2）人均受教育年限（年）
	（3）青少年科学素养（分）
	（4）注册志愿者占城镇人口的比重（%）
	（5）市民文明形象（分）
文化建设	（6）城市节庆活动的国际影响力（分）
	（7）文化产业从业人员占全社会从业人员比重（%）
	（8）城市 100 公里范围内世界文化遗产数量（个）
	（9）博物馆数量（个）
	（10）剧场及其他场所演出场次（次 / 年）
治理效能	（11）城市数字化公共服务（分）
	（12）基层民主参与率（%）
	（13）公共数据开放规模（亿条）
	（14）合同可执行性（%）
	（15）凶杀案件数量（起 / 年 / 百万人）
	（16）自然灾害韧性度（分）
创新创业生态	（17）软科世界大学排名 TOP500 得分（分）
	（18）风险资本吸引额（亿美元）
	（19）独角兽企业数量（家）
	（20）近五年 PCT 专利占全球比重（%）
	（21）城市对外籍人才吸引力（分）
人居环境	（22）街道和开放空间占建成区比例（%）
	（23）建成区公共绿地率（%）
	（24）空气质量优良（$PM_{2.5}$<75 微克 / 立方米）天数占比（%）
	（25）城市人均碳排放量（吨 / 人 / 年）
	（26）城市轨道交通运营里程（公里）
	（27）居民平均预期寿命（岁）
国际影响	（28）常住外国人口比例（%）
	（29）国际会议数量（场 / 年）
	（30）世界 500 强企业总部数量（家）
	（31）国际游客数量（万人 / 年）
	（32）城市品牌国际关注度（条 / 十年）

资料来源：课题组整理。

2.2.2 数据来源说明

指标数据主要来源于著名国际组织、各国政府等机构的统计数据库，其中包括但不限于：联合国人居署数据库、联合国人类发展指数（UN HDI）、联合国世遗中心、世界银行《2020 年营商环境报告》、经合组织 PISA 测评、联合国《电子政务指数 2020》、世界知识产权组织《全球创新指数》、世界城市文化论坛、美国国家公园管理局、法国文化部、新加坡国家文物局、软科世界大学 2021 排名榜、上海社会科学院信息研究所和复旦大学智慧城市研究中心《全球智慧之都报告 2020》、日本森纪念财团城市战略研究所《全球实力城市指数报告 2020》、胡润全球独角兽榜 2020、《财富》世界 500 强排行榜、纽约市城市规划局、挪威科技大学数据库、爱德曼"信任度晴雨表"等。此外，课题组通过网络抓取的方法弥补个别城市部分指标数据的缺失问题。

另外，报告采集数据的时间以 2019 年和 2020 年数据为主。个别城市的小部分指标数据由于采集困难，使用 2018 年、2017 年的数据进行替代，特此说明。

2.2.3 样本城市选择

样本城市包括上海在内的 10 个具有世界影响力的城市，其中国外城市为纽约、伦敦、巴黎、东京、新加坡 5 个城市；国内城市为北京、上海、广州、深圳、香港 5 个城市。

选择上述十个城市的理由包括：

其一，公认性。样本城市普遍都是国际大都市，纽约、伦敦、巴黎、东京、新加坡、北京、上海以及香港在 GaWC（世界城市名册）、GPCI（全球实力城市指数）等权威国际城市排名中位居前列，广州和深圳也是国际知名城市。以上城市在软实力发展领域表现同样强劲。

其二，影响力。样本城市长期以来都受国际社会的高度关注，在国际政治、国际经济、国际贸易、国际金融、国际文化、国际治理等领域具有广泛的影响力。

其三，知名度。样本城市在经济、人口、社会文化领域都具有绝对知名度，是国际资本和国际人才最为青睐的城市。

其四，可比较性。由于广泛的影响力和高知名度，样本城市都是"全球明星城市"，有雄厚的发展基础和雄伟的发展目标，经济社会数据公开性强，可以进行比较研究。

2.3　指标体系测算方法

课题组参考层次分析法，将一个复杂的系统决策问题，分解为多维子目标，并对每个子目标设计下一级测度指标。

1. 数据平滑映射

课题组观察到部分国际城市数据分化较大，直接采用原始数据或进行无量纲化处理，对客观情况会造成较强干扰。因此，课题组首先对城市博物馆数量、风险资本吸引额等城市间数值差距较大的指标，进行非线性平滑映射。具体映射方法为：

$$a^* = \ln(a)$$

其中 a^* 为平滑映射后的指标值，a 为指标原始值。

2. 数据无量纲化

需要对原始数据进行无量纲化处理，以消除具体数值由于计量单位不同导致的指标不可比性。经常使用的数据无量纲化处理方法有 Min-Max 极值化法、Z-score 标准化法和均值化法。结合本课题研究特点，课题组选用极值化方法对原始数据进行无量纲化处理。

由于离群值对极值化方法存在较大影响，且样本城市数据之间的微小差距容易被极端放大，因此课题组对 Min-Max 极值化法进行修正，修正过程如下。

正向指标的计算公式修正为：

$$x'_{ij} = \frac{x_{ij}}{\max\{x_{ij}\}}$$

其中 x_{ij} 代表一级指标 x 第 i 项二级指标中第 j 个城市的统计性数据；$\max\{x_{ij}\}$ 为二级指标 x_i 的最大值；x'_{ij} 为标准化后的数据，$x'_{ij} \sim [0, 1]$。

指标体系中包含的凶杀案件数量、人均碳排放量等负向指标则采用以下公式进行计算：

$$x'_{ij} = 1 - \frac{x_{ij}}{\max\{x_{ij}\}}$$

这种修正的极值化处理方法不仅消除了原始数据在量纲和量级上的差异，而且保留了原始数据的关系信息，同时有效避免了传统极值化方法存在的拉大数值间微小差距等问题，较好地契合了课题研究需要。

3. 指标权重设计

课题组对 6 个维度的一级指标赋予等值权重，以体现国际城市软实力评估过程中对市民素养、文化建设、治理效能、创新创业生态、人居环境、国际影响 6 个维度同等重视程度。由此，6 个维度的一级指标权重分别为 100/6；一级指标所包含的各二级指标的权重则等于 100/6/n，其中 n 为各一级指标所包含的二级指标的个数。

4. 软实力综合得分

根据无量纲化后的指标得分及相对应的权重，通过由下而上加权平均的方法，得到城市软实力综合得分。

一级指标得分的计算公式为：

$$I_x = \sum_{i=1}^{m} x_i w_i$$

其中，I_x 代表一级指标 x 的综合得分，x_i 为 x 的第 i 项二级指标，w_i 为二级指标 x_i 的权重。

通过上述计算，共形成市民素养、文化建设、治理效能、创新创业生态、人居环境和国际影响 6 项一级指标的得分。各一级指数得分加总，即得到国际城市软实力综合得分。

第3章 城市软实力评估指标体系应用

本章主要是根据第 2 章确定的城市软实力评估指标体系和多层次分析方法，将样本城市各具体指标的数据代入测算模型，得到各样本城市软实力的最终得分，进行综合排名和单向排名分析，并就样本城市逐一进行比较研究。

3.1 城市软实力总体评估

根据综合评估结果，十大国际城市软实力水平存在一定的差距（见表 3-1）。其中作为老牌国际城市，伦敦和纽约城市软实力水平最高，得分分别为 76.11 分和 75.04 分。北京和上海经过近些年的快速发展后，城市软实力也得到大幅提升，分居第三和第四位，得分分别为 74.42 分和 73.72 分。巴黎位居第五位，得分为 73.58 分。东京和新加坡得分分别为 73.49 分和 71.08 分，分居第六和第七位。香港、广州和深圳分居第八位、第九位和第十位，得分分别为 64.30分、60.94 分和 59.20 分。

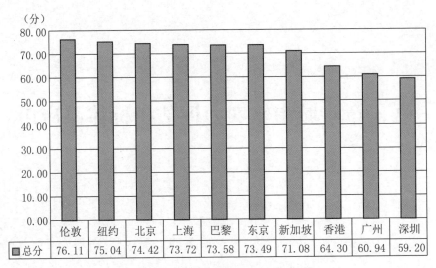

图 3-1 十大国际城市软实力综合评估得分

表 3-1 十大国际城市软实力综合及分项得分

城 市	总分	市民素养	文化建设	治理效能	创新创业生态	人居环境	国际影响
伦 敦	76.11	13.33	15.58	9.96	10.84	12.60	13.80
纽 约	75.04	13.14	11.05	11.32	12.91	12.48	14.14
北 京	74.42	14.49	13.79	11.63	12.89	11.97	9.65
上 海	73.72	14.47	13.64	12.33	11.09	12.60	9.58
巴 黎	73.58	12.46	15.45	10.11	10.07	11.66	13.84
东 京	73.49	13.93	13.49	10.63	10.50	12.11	12.83
新加坡	71.08	15.22	8.23	11.89	9.41	13.45	12.88
香 港	64.30	12.12	9.57	10.50	8.56	11.77	11.79
广 州	60.94	13.86	9.69	11.20	7.81	12.16	6.22
深 圳	59.20	13.27	6.03	10.70	10.87	12.54	5.79

从十大国际城市软实力综合得分排名来看，与 GaWC（2020）及 GPCI（2020）的国际城市排名有相同的地方，但也出现较大的差异化。在 GaWC 和 GPCI 城市排名中，排名前两位的同样是伦敦

和纽约，这充分说明了伦敦和纽约这两座城市强大的综合实力。在GaWC 城市排名中香港、新加坡分列第三和第四位，上海、北京列第五位和第六位，迪拜、巴黎和东京分列第七位、第八位和第九位，悉尼位列第十位；另外广州和深圳仅仅分列第三十四位和第四十六位。在 GPCI 城市排名中，东京、巴黎、新加坡分列第三位、第四位和第五位，阿姆斯特丹、柏林、首尔、香港分列第六位到第九位，上海位列第十位，北京位列第十五，广州和深圳并没有进入榜单。

由此可见，与本课题城市软实力的排名比较，北京和上海的排名变化较大。其中在 GaWC 的排名中，上海和北京都已经超越了巴黎和东京，但落后于香港和新加坡。而在 GPCI 的排名中，东京、巴黎和新加坡的排名都比较高，上海和北京的排名则较低。

3.2 城市软实力专项评估

3.2.1 市民素养

在市民素养方面，新加坡位居第一，除人均受教育年限略低外，其他二级指标的得分都较高。北京、上海分别位居第二、第三位，但彼此间的得分差距不大。东京位居第四，广州位居第五，伦敦、深圳分列第六和第七位。纽约、巴黎则分列第八和第九位，香港位居第十位。排名居后的城市主要在市民对社会主流价值观的认可度、青少年科学素养两个指标上与领先城市存在差距。另外，巴黎的市民文明形象指标得分偏低，香港则在注册志愿者占城镇人口比重指标得分上偏低。

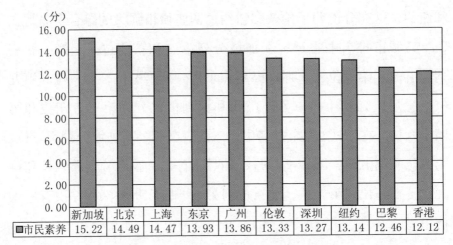

图 3-2　十大国际城市软实力市民素养评估得分

3.2.2　文化建设

在文化建设方面，伦敦和巴黎两个城市遥遥领先于其他城市，得分分别高达 15.58 分和 15.45 分。排名第三的城市是北京，得分为 13.79 分。上海和东京分居第四和第五位，得分为 13.64 和 13.49 分。纽约位居第六，得分仅为 11.05 分，文化产业从业人员占全社会从业人员比重、城市 100 公里范围内世界文化遗产数量这两个指标落后

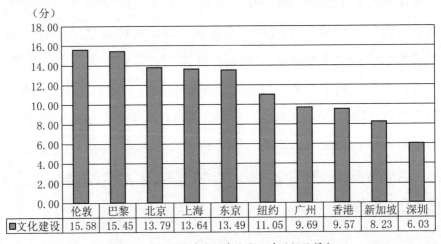

图 3-3　十大国际城市软实力文化建设评估得分

于领先城市。广州、香港、新加坡和深圳分居后四位，城市节庆活动的国际影响力、城市100公里范围内世界文化遗产数量、博物馆数量、剧场及其他场所演出场次等多个指标都大大落后于领先城市。

3.2.3　治理效能

在治理效能方面，上海近些年在城市数字化治理方面表现出较高的水平，本次评估中城市现代化治理水平位居第一，除了自然灾害韧性度方面得分不高外，其他指标都位居前列。新加坡位居次席，北京位居第三。纽约在数字化治理、自然灾害韧性度方面表现优异，但在基层民主参与率、凶杀案件数量方面表现较差，位居第四。广州、深圳分列第五和第六位。东京和香港位居第七、第八，巴黎和伦敦分列第九和第十位，这四个城市在城市数字化公共服务、政府公共数据开放规模方面都较领先城市有较大差距。

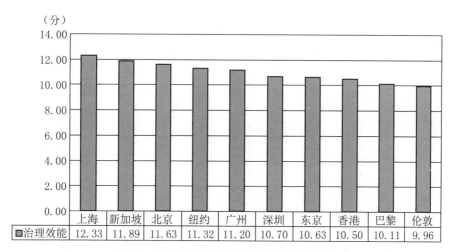

图3-4　十大国际城市软实力治理效能评估得分

3.2.4　创新创业生态

纽约位居第一位，除了近五年PCT专利占全球比重指标稍落后外，纽约在创新创业生态方面的其他四个指标都表现优异。由于近年来在"双创"工作方面的大力推进，北京和上海分列创新创业生态指标第二和第三位，得分分别为 12.89 分和 11.09 分，两个城市的风险资本吸引额、独角兽企业数量指标位居前列。第四位是深圳，近五年 PCT 专利总量占全球比重指标得分较高。伦敦、东京和巴黎，分列第五位、第六位和第七位，伦敦在软科世界大学排名 TOP500 得分、城市对外籍人才吸引力两个指标方面得分较好，但其他指标差强人意；东京在近五年 PCT 专利占全球比重指标方面排名第一，其他指标较差；巴黎仅有软科世界大学排名 TOP500 得分指标表现较好。新加坡和香港分居第八和第九位，新加坡在城市对外籍人才吸引力方面得分最高，但其他指标得分偏低。广州排名第十位，各项指标得分皆不高。

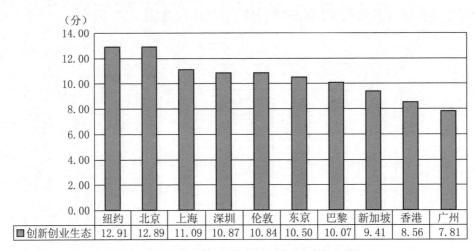

图 3-5　十大国际城市软实力创新创业生态评估得分

3.2.5　人居环境

人居环境指标方面，新加坡位居第一，得分为 13.45 分，街道和开放空间占建成区比例、建成区公共绿地率这两个指标得分较高，其他指标也普遍较好。上海和伦敦并列第二位，都为 12.60 分。深圳和纽约分列第四和第五位，得分分别为 12.54 分和 12.48 分。广州、东京和北京则分居第六、第七和第八位，香港和巴黎位居后两位。其中广州、北京的空气质量优良天数占比指标落后较多，香港在城市人均碳排放量这个指标方面表现不佳。巴黎和东京在街道和开放空间占建成区比例、建成区公共绿地率等指标方面表现较差。

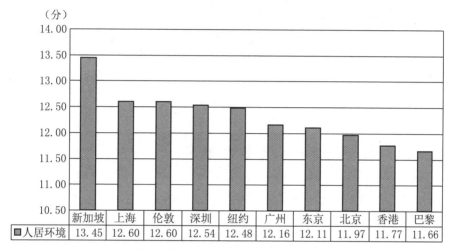

（分）

	新加坡	上海	伦敦	深圳	纽约	广州	东京	北京	香港	巴黎
人居环境	13.45	12.60	12.60	12.54	12.48	12.16	12.11	11.97	11.77	11.66

图 3-6 十大国际城市软实力人居环境评估得分

3.2.6 国际影响

在国际影响方面，纽约、巴黎和伦敦高居前三位，得分分别为 14.14 分、13.84 分和 13.80 分，其中常住外国人口比例、国际游客数量以及城市品牌国际关注度三个指标都处于领先水平。新加坡得分 12.88 分，位居第四。东京和香港得分为 12.83 分和 11.79 分，分居第五和第六位。中国内地的城市在国际影响力方面得分偏低，其中北京最高，但也仅为 9.65 分，除世界 500 强企业总部数量得分最高外，城市品牌国际关注度得分居中游，其他指标都偏低。上海在国际游客数量方面位居中游，其他指标得分都偏低。广州和深圳两个城市在所有指标上得分都不高。

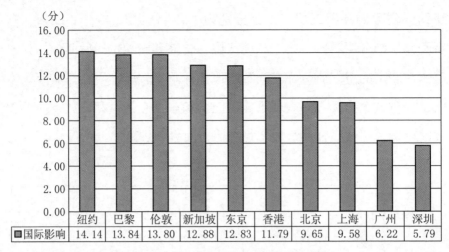

图 3-7　十大国际城市软实力国际影响评估得分

3.3　各样本城市软实力排名

3.3.1　伦敦

作为老牌的世界城市，伦敦历史悠久、社会成熟、文化繁荣，经济社会发展水平较高，城市软实力综合排名高居十大国际城市第一位。总体看，伦敦在文化建设、人居环境及国际影响三个指标方面表现较好。市民素养方面，市民对社会主流价值观的认可度得分不高。在治理效能方面，存在城市治理转型不畅问题，特别是数字化公共服务与政府公共数据开放方面得分不高。另外，创新创业生态排名中游，风险资本吸引额、近五年 PCT 专利占全球比重等指标得分偏低。

表 3-2　伦敦城市软实力综合及分项指标得分与排名

	总得分	市民素养	文化建设	治理效能	创新创业生态	人居环境	国际影响
得分	76.11	13.33	15.58	9.96	10.84	12.60	13.80
排名	1	6	1	10	5	2（并列）	3

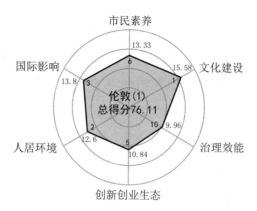

图 3-8 伦敦城市软实力综合及分项指标得分与排名

3.3.2 纽约

纽约作为美国第一大城市和诸多国际组织所在的城市，经济发达、文化繁荣，具有强大的硬实力，同时软实力综合排名也高居十大国际城市第二位。其中创新创业生态、国际影响两大维度排名第一，治理效能、人居环境分列第四位和第五位，主要因为治理效能

表 3-3 纽约城市软实力综合及分项指标得分与排名

	总得分	市民素养	文化建设	治理效能	创新创业生态	人居环境	国际影响
得分	75.04	13.14	11.05	11.32	12.91	12.48	14.14
排名	2	8	6	4	1	5	1

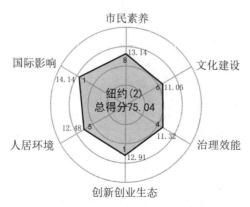

图 3-9 纽约城市软实力综合及分项指标得分与排名

中的基层民主参与率、凶杀案件数量得分较低，人居环境中的城市人均碳排放量指标表现欠佳。文化建设位居中游，城市100公里范围内世界文化遗产数量指标表现不佳。市民素养受制于市民对社会主流价值观的认可度、青少年科学素养、市民文明形象等得分相对较低而居后。

3.3.3　北京

北京是中国的首都，是全国的政治、文化、国际交往和科技创新中心，也是全球著名的历史文化名城，在十大国际城市软实力综合排名中位居第三。从分项指标看，北京在市民素养、文化建设、治理效能、创新创业生态四个指标方面表现优异。人居环境、国际影响排名中游，其中建成区公共绿地率、空间质量优良天数占比、常住外国人口比例、国际会议数量、国际游客数量几个指标存在短板。

表3-4　北京城市软实力综合及分项指标得分与排名

	总得分	市民素养	文化建设	治理效能	创新创业生态	人居环境	国际影响
得分	74.42	14.49	13.79	11.63	12.89	11.97	9.65
排名	3	2	3	3	2	8	7

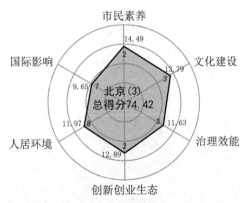

图3-10　北京城市软实力综合及分项指标得分与排名

3.3.4 上海

上海是中国人口规模最大的城市，也是国际经济、金融、贸易、航运和科技创新中心，在十大国际城市软实力综合排名中位居第四。其中治理效能排名第一位，这主要得益于近年来上海聚焦于超大城市精细化治理，积极推动"两张网"建设，以数字化提升城市治理能力和水平。人居环境排名与伦敦并列第二，除空气质量优良（PM2.5<75微克/立方米）天数占比得分偏低外，其他指标表现良好，这主要得益于近年来上海精心规划建设更多公共空间和公共设施，不断提升城市生态绿化水平。市民素养和创新创业生态都排名第三，其中在市民素养中，除注册志愿者占城镇人口比重较低外，其他所有指标都表现良好；创新创业生态中近五年PCT专利占全球比重、独角兽企业数量等指标表现优异。文化建设排名第四位。

表 3-5 上海城市软实力综合及分项指标得分与排名

	总得分	市民素养	文化建设	治理效能	创新创业生态	人居环境	国际影响
得分	73.72	14.47	13.64	12.33	11.09	12.60	9.58
排名	4	3	4	1	3	2（并列）	8

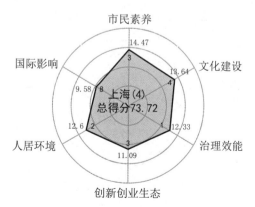

图 3-11 上海城市软实力综合及分项指标得分与排名

国际影响表现不佳，包括常住外国人口比例、国际会议数量、世界500强企业总部数量、国际游客数量、城市品牌国际关注度等指标普遍与领先城市得分差距较大。

3.3.5　巴黎

巴黎是国际时尚之都，在文化旅游、时尚创意等领域都领先于其他城市，在十大国际城市软实力综合排名中居第五位。从分项指标考察，巴黎的文化建设和国际影响两个一级指标均排名第二位。创新创业生态排名第七位，主要是风险资本吸引额、城市对外籍人才吸引力不够。市民素养、治理效能、人居环境等维度都排名居后，主要是因为市民素养中市民对社会主流价值观的认可度、青少年科学素养，治理效能中的基层民主参与率、政府公共数据开放规模等，及人居环境中街道和开放空间占建成区比例、建成区公共绿地率、城市轨道交通运营里程等指标得分偏低。六大维度"冰火两重天"的表现，最终让巴黎在十大国际城市软实力综合排名中位居中游。

表 3-6　巴黎城市软实力综合及分项指标得分与排名

	总得分	市民素养	文化建设	治理效能	创新创业生态	人居环境	国际影响
得分	73.58	12.46	15.45	10.11	10.07	11.66	13.84
排名	5	9	2	9	7	10	2

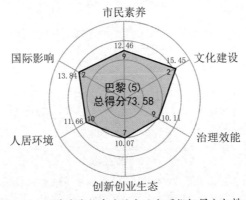

图 3-12　巴黎城市软实力综合及分项指标得分与排名

3.3.6 东京

东京是日本最大的城市，也是世界著名的金融中心和国际旅游城市，在十大国际城市软实力综合排名中位居第六。其中，市民素养、文化建设和国际影响排名较高，分别位居第四、第五和第五。但在治理效能、创新创业生态、人居环境方面排名中游偏下，主要因为治理效能中的基层民主参与率、城市数字化公共服务、政府公共数据开放规模，创新创业生态中的软科世界大学排名TOP500得分、风险资本吸引额、独角兽企业数量、城市对外籍人才吸引力，人居环境中的建成区公共绿地率等指标得分都较低。

表 3-7 东京城市软实力综合及分项指标得分与排名

	总得分	市民素养	文化建设	治理效能	创新创业生态	人居环境	国际影响
得分	73.49	13.93	13.49	10.63	10.50	12.11	12.83
排名	6	4	5	7	6	7	5

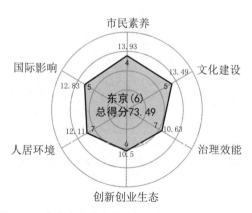

图 3-13 东京城市软实力综合及分项指标得分与排名

3.3.7 新加坡

优良的区位和良好的气候，加上二战后良好的国际发展环境，新加坡成为全球重要的金融、贸易、航运服务中心。近年来，新加坡专注于社会建设和国际连通，也取得了较好成绩，在十大国际城市软实力综合排名中位居第七。新加坡在市民素养、人居环境、治理效能等方面表现优异，国际影响次之，排名第四。但在文化建设、创新创业生态方面排名居后，主要因为城市节庆活动的国际影响力、博物馆数量，及世界500强企业总部数量、软科世界大学排名TOP500得分、风险资本吸引额、独角兽企业数量等指标得分不高。

表 3-8   新加坡城市软实力综合及分项指标得分与排名

	总得分	市民素养	文化建设	治理效能	创新创业生态	人居环境	国际影响
得分	71.08	15.22	8.23	11.89	9.41	13.45	12.88
排名	7	1	9	2	8	1	4

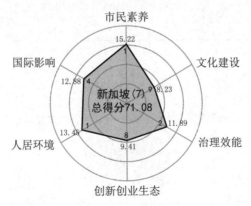

图 3-14   新加坡城市软实力综合及分项指标得分与排名

3.3.8   香港

香港是中国的特别行政区，是经济社会高度繁荣的自由贸易港和知名的国际大都市，还是国际金融、航运和贸易中心，是 GaWC 世界城市名册中的一线城市，在十大国际城市软实力综合排名中位居第八。从分项指标看，香港的国际影响位居中游。但在市民素养、文化建设、治理效能、创新创业生态、人居环境等指标方面排名居后。其中，市民素养中的市民对社会主流价值观的认可度、注册志愿者占城镇人口比重得分不高。文化建设中的城市100公里范围内世界文化遗产数量、博物馆数量两个指标得分偏低。治理效能中的城市数字化公共服务、合同可执行性表现不佳。创新创业生态中软科世界大学排名TOP500得分、风险资本吸引额、近五年PCT专利占全球比重、独角兽企业数量得分较低。人居环境中的城市轨道交通运营里程、城市人均碳排放量这两个指标得分偏低。

表3-9 香港城市软实力综合及分项指标得分与排名

	总得分	市民素养	文化建设	治理效能	创新创业生态	人居环境	国际影响
得分	64.30	12.12	9.57	10.50	8.56	11.77	11.79
排名	8	10	8	8	9	9	6

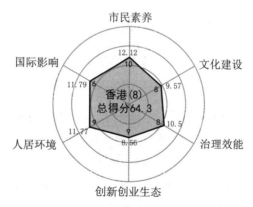

图3-15 香港城市软实力综合及分项指标得分与排名

3.3.9 广州

广州是中国重要的中心城市、国际商贸中心和综合交通枢纽，中国四大一线城市之一，在十大国际城市软实力综合排名中位居第九。从分项指标看，广州的市民素养、治理效能都位居第五，人居环境排名第六。文化建设排名第七，主要因为城市节庆活动国际影响力、城市 100 公里范围内世界文化遗产数量、博物馆数量三个指标得分较低。创新创业生态和国际影响排名居后，创新创业生态中的软科世界大学排名 TOP500 得分、风险资本吸引额、近五年 PCT 专利占全球比重、独角兽企业数量、城市对外籍人才吸引力等指标的得分都较低；国际影响中的常住外国人口比例、国际会议数量、世界 500 强企业总部数量、国际游客量、城市品牌国际关注度等指标得分较低。

表 3-10 广州城市软实力综合及分项指标得分与排名

	总得分	市民素养	文化建设	治理效能	创新创业生态	人居环境	国际影响
得分	60.94	13.86	9.69	11.20	7.81	12.16	6.22
排名	9	5	7	5	10	6	9

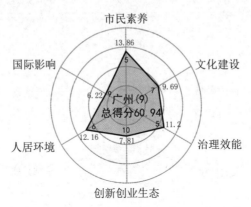

图 3-16 广州城市软实力综合及分项指标得分与排名

3.3.10 深圳

深圳是中国经济特区，是国家物流枢纽、国家金融中心、国际性综合交通枢纽以及国际科技产业创新中心。作为一个快速崛起的新兴城市，深圳在经济发展、科技创新等方面取得了辉煌成绩，但在市民素养、文化建设、国际影响等方面还需继续进步，在十大国际城市软实力综合排名中位居第十。其中创新创业生态环境、人居环境表现较好，都在十大国际城市排名中位居第四。市民素养、治理效能分别居第七和第六位。文化建设和国际影响两个维度都居末位。其中，文化建设中的城市节庆活动国际影响力、文化产业从业人员占全社会从业人员比重、城市100公里范围内世界文化遗产数量、博物馆数量、剧场及其他场所演出场次，国际影响中的常住外国人口比例、国际会议数量、世界500强企业总部数量、国际游客数量、城市品牌国际关注度等指标得分都较低。

表 3-11　深圳城市软实力综合及分项指标得分与排名

	总得分	市民素养	文化建设	治理效能	创新创业生态	人居环境	国际影响
得分	59.20	13.27	6.03	10.70	10.87	12.54	5.79
排名	10	7	10	6	4	4	10

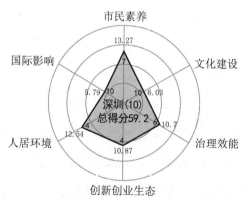

图 3-17　深圳城市软实力综合及分项指标得分与排名

3.4　中国代表性城市软实力表现

3.4.1　北京

北京在市民素养的五个指标中，市民对社会主流价值观的认可度与上海等城市并列第一；人均受教育年限排名第四，仅次于纽约、伦敦以及东京；青少年科学素养与上海等城市并列第一；注册志愿者占城镇人口比重排名第八，与领先的新加坡、纽约、伦敦等城市差距较大；市民文明形象得分排名第六，有继续提升的空间。

在文化建设的五个指标中，城市节庆活动国际影响力排名第六，与巴黎、纽约和伦敦等有较大差距。文化产业从业人员占全社会从业人员比重排名第四，与北京作为国际文化中心城市的定位相匹配；城市100公里范围内世界文化遗产数量指标，与伦敦并列第一，这主要得益于北京悠久的历史和文化。博物馆数量指标排名位居前三，与领先的巴黎、伦敦相差不大；年度剧场及其他场所演出场次方面，北京得分不高，这与新冠肺炎疫情及城市政府相关防控政策有关。

在治理效能的六个指标中，基层民主参与率与上海并列第三；城市数字化公共服务位居第二，得分高达94分，与上海同为达到90分的两个城市；在公共数据开放规模指标方面，北京位居第五；在合同可执行性方面，同样位居第五；凶杀案件数量方面，得分排名第三；自然灾害韧性度排名第六，有待提升。

在创新创业生态五个指标中，软科世界大学排名TOP500得分为20分，位居第二，与排名首位的纽约（24分）相差不大；在风险资本吸引额方面，位居第一，遥遥领先于其他城市；近五年PCT专利占全球比重方面，位居第三，但与东京、深圳差距较大；独角兽企业数量方面，位居第一，与纽约一同遥遥领先于其他城市；城市对外籍人才吸引力方面，位居第六，与领先的新加坡、纽约有较大差距。

在人居环境的六个指标中，街道和开放空间占建成区比例指标排名第四；在建成区公共绿地率方面，排名第七，距离领先的新加坡仍差距较大；空气质量优良天数占比指标，排名居后；在城市轨道交通运营里程方面北京以 727 公里高居第二，与上海一起领先于其他城市；居民平均预期寿命得分位居第八，但与领先城市差距很小；城市人均碳排放量方面位居前列。

在国际影响的五个指标中，常住外国人口比例指标方面北京得分较低，较纽约、伦敦等城市存在较大差距；国际会议数量偏少，与领先城市的差距较大；世界 500 强企业总部数量方面，以 56 家位居第一；国际游客数量方面，仅排名第八，距离伦敦、巴黎每年近 2000 万的国际游客规模相差甚远；城市品牌国际关注度方面，位居第三，这得益于中国近些年快速增长的国际竞争力及北京作为中国政治、文化和对外交流中心的地位。

3.4.2　上海

上海在市民素养的五个指标中，市民对社会主流价值观的认可度并列第一；人均受教育年限位居第七，与排名第一的纽约相差 1.6 年；青少年科学素养并列第一；注册志愿者占城镇人口比重排名第七，与排名第一的新加坡相差 15 个百分点；市民文明形象得分位居第四，与领先的东京、新加坡仍有一定差距。

在文化建设的五个指标中，上海城市节庆活动国际影响力得分排名第四位；文化产业从业人员占全社会从业人员比重排名第六，与第一位的东京相差 7.1 个百分点；在城市 100 公里范围内世界文化遗产数量方面落后于伦敦和北京，排名第三；博物馆数量方面排名第六；年度剧场及其他场所演出场次指标与排名第一的巴黎、伦敦等城市差距较大。

在治理效能的六个指标中，基层民主参与率并列第三；城市数字化公共服务位居第一，得分高达 96.3 分，比纽约、伦敦、巴黎、东京等城市高出近 20 分；在公共数据开放规模指标方面，上海同样高居第一；在合同可执行性方面，仅次于新加坡，排名第二；凶杀案件数量方面，得分第二，体现较好的社会安全性；自然灾害韧性度与北京并列排名第六，有待提升。

在创新创业生态五个指标中，软科世界大学排名 TOP500 得分上海为 10 分，位居第五，但较排名前列的纽约（24 分）和北京（22 分）仍有不小差距；在风险资本吸引额方面，仅次于北京和纽约，但仍相差较大；近五年 PCT 专利占全球比重方面，仅次于东京、深圳和北京，位居第四，但与东京、深圳差距较大；在独角兽企业数量方面，仅次于北京、纽约，位居第三；城市对外籍人才吸引力方面，排名中游，与领先的新加坡、纽约有较大差距。

在人居环境的六个指标中，街道和开放空间占建成区比例上海排名前列；在建成区公共绿地率方面排名第六，距离领先的新加坡差距较大；空气质量优良天数占比指标，排名居后；上海以 729.2 公里的城市轨道交通运营里程高居第一；居民平均预期寿命达到 83.67 岁，位居第四；城市人均碳排放量指标方面表现良好。

在国际影响的五个指标中，在常住外国人口比例指标方面，上海排名第七，相较纽约、伦敦等城市存在较大的差距；国际会议数量上海每年只有不足百场，而新加坡近些年都超过 1000 场，巴黎、伦敦、东京也有几百场次；世界 500 强企业总部数量方面，以 7 家位居第八位；国际游客数量方面，以 950 万左右的规模排名第七；城市品牌国际关注度方面，上海位居第七。

3.4.3　香港

香港在市民素养的五个指标中，市民对社会主流价值观的认可度排名居后；人均受教育年限位居第五；青少年科学素养排名第七；注册志愿者占城镇人口比重排名第九，与排名第一的新加坡差 19 个百分点，差距仍然较大；在市民文明形象得分指标上位居第五。

在文化建设的五个指标中，香港城市节庆活动国际影响力得分排名第五位；文化产业从业人员占全社会从业人员比重排名第八；在城市 100 公里范围内世界文化遗产数量、博物馆数量方面排名居后；年度剧场及其他场所演出场次指标排名第七。

在治理效能的六个指标中，基层民主参与率排名中游；城市数字化公共服务位居第八；在公共数据开放规模指标方面，位居第七；在合同可执行性方面排名居后；凶杀案件数量方面得分第四，表明有较好的社会安全性；自然灾害韧性度排名居十大国际大都市前列。

在创新创业生态五个指标中，软科世界大学排名 TOP500 得分位居第六，但较排名前列的城市有不小差距；在风险资本吸引额得分排名靠后，也与领先城市差距较大；近五年 PCT 专利占全球比重、独角兽企业数量这两大指标得分都偏低，排名靠后；城市对外籍人才吸引力方面，排名位居第三。

在人居环境的六个指标中，包括街道和开放空间占建成区比例和建成区公共绿地率两个指标表现较好；空气质量优良天数占比位居中游；城市轨道交通运营里程偏少，这与建成区大小有关；居民平均预期寿命最高，体现出高水平的医疗服务；城市人均碳排放量指标表现不佳。

在国际影响的五个指标中，在常住外国人口比例指标方面，香港排名第五，但距离纽约、伦敦有较大差距；国际会议数量偏少，相比领先城市差距大；世界 500 强企业总部数量方面，以 8 家位居第七；国际游客数量方面，超过东京位居第五；城市品牌国际关注度方面超过新加坡，位居第六。

3.4.4 广州

广州在市民素养的五个指标中，市民对社会主流价值观的认可度排名并列第一；人均受教育年限位居第八；青少年科学素养并列第三；注册志愿者占城镇人口比重排名第六，在五个中国城市中排名第一；市民文明形象得分较低。

在文化建设的五个指标中，广州城市节庆活动国际影响力得分排名第八位；文化产业从业人员占全社会从业人员比重排名位居前列；城市 100 公里范围内世界文化遗产数量、博物馆数量都较少；年度剧场及其他场所演出场次指标排名第六。

在治理效能的六个指标中，基层民主参与率排名第二；城市数字化公共服务并列第四；在公共数据开放规模指标方面，位居第三；在合同可执行性方面排名居前，位列第三；凶杀案件数量方面得分第五，表明有较好的社会安全性；自然灾害韧性度排名居后，还有较大提升空间。

在创新创业生态五个指标中，软科世界大学排名 TOP500 得分高于深圳和新加坡，排名第八，但与领先城市差距较大；在风险资本吸引额方面排名末尾；近五年 PCT 专利占全球比重、独角兽企业数量这两大指标得分都偏低，排名靠后；在城市对外籍人才吸引力方面排名较低。

在人居环境的六个指标中，街道和开放空间占建成区比例排名第五；建成区公共绿地率偏低；空气质量优良天数占比与领先城市有较大差距；城市轨道交通运营里程仅次于上海、北京；居民平均预期寿命排名第六；在城市人均碳排放量指标方面位居前列。

在国际影响的五个指标中，常住外国人口比例指标方面广州排名第九；国际会议数量偏少，相比领先城市差距大；世界500强企业总部数量方面，位居末席；国际游客数量方面，位居第八，与领先城市差距较大；城市品牌国际关注度方面位居末席。

3.4.5　深圳

深圳在市民素养的五个指标中，市民对社会主流价值观的认可度排名并列第一；人均受教育年限指标，位居第六；青少年科学素养并列第三；注册志愿者占城镇人口比重和市民文明形象得分都较低。

在文化建设的五个指标中，深圳城市节庆活动国际影响力得分排名第九位；文化产业从业人员占全社会从业人员比重排名居后；城市100公里范围内世界文化遗产数量、博物馆数量都较少；年度剧场及其他场所演出场次指标排名第十位。

在治理效能的六个指标中，基层民主参与率排名中游；城市数字化公共服务并列第四；在公共数据开放规模指标方面，位居第四；在合同可执行性方面排名居前，并列第三；凶杀案件数量方面得分排第六，表明有较好的社会安全性；自然灾害韧性度排名居后，还有较大提升空间。

在创新创业生态五个指标中，软科世界大学排名TOP500得分排名第十，与领先城市差距较大；在风险资本吸引额方面排名第七；近五年PCT专利占全球比重排名第二，仅次于东京；独角兽企业数量排名第四；城市对外籍人才吸引力方面排名较低。

在人居环境的六个指标中，街道和开放空间占建成区比例排名第三，建成区公共绿地率排名第四；空气质量优良天数与领先城市有较大差距；城市轨道交通运营里程位居中游；居民平均预期寿命排名第九；在城市人均碳排放量指标方面得分较高。

在国际影响的五个指标中，常住外国人口比例指标方面深圳排名第十；国际会议数量偏少，相比领先城市差距大；世界 500 强企业总部数量并列第六，同样与领先城市存在较大差距；国际游客数量方面位居第十，与领先城市差距非常大；城市品牌国际关注度方面位居第九。

第4章 上海提升城市软实力的实践

作为中国国际化程度最高的城市之一，上海一直承担着重要而特殊的使命。在围绕"五个中心"目标的发展进程中，上海不断推动城市建设和经济增长，在世界城市网络中的地位不断提升。在软实力方面，尽管与"具有世界影响力"的定位要求还有较大提升空间，但在市民素养、文化建设、城市治理、创新创业发展、生态环境等方面仍然取得斐然成绩，并支撑上海城市软实力综合评估进入国际大都市前列，有力地支撑国家软实力建设。

4.1 持续提高市民素养

市民素养可构塑城市的形象，是城市精神和品格的重要体现，是城市软实力重要构成要素。上海历来重视对市民言行举止、形象风貌的总结，从20世纪90年代的"上海人形象"大讨论，到21世纪初期的"面向新世纪的上海人精神"讨论，再到对"世博精神"延续的呼声，每次都对处于重要机遇的上海城市发展产生重要的积极影响。面对新时代全面提升上海软实力的现实需求，对市民素养的研究，将有助于推进群众性精神文明建设，提升城市软实力的个体转换和实践效能，实现城市精神与市民形象的有机连结。

4.1.1 文明素质

2019 年中央文明办公布了全国文明城市提名城市中的 141 个地级以上城市、城区 2018 年文明城市的年度测评结果。在 24 个直辖市提名城区排行中，上海的闵行区、崇明区得分分别为 92.34 和 91.24，位居第一、第二，松江区、金山区和黄浦区也跻身前十，杨浦区、青浦区分别位列第十三、第十五。在 2020 年全国精神文明建设表彰大会上，上海市闵行区、崇明区、松江区、金山区、青浦区获评第六届全国文明城区，获评数量创历年之最。加上 2017 年上海市嘉定区、徐汇区、静安区、奉贤区、浦东新区和长宁区已获评全国文明城区，至此上海 16 个区中，已有 11 个区跻身全国文明城区行列。

2008 年起，上海市文明办以 2010 年上海世博会为契机，大力推进上海城市文明建设，连续五年开展"城市文明指数"测评，成效显著，广大市民对上海城市文明建设的满意程度与日俱增。上海城市文明指数由三部分组成，分别是环境文明指数、秩序文明指数、服务文明指数。环境文明指数主要反映城区内道路环境、公共设施、绿地管理、居住环境以及公众对城区环保的满意率等情况；秩序文明指数主要反映文明交通、文明出行、文明交往、文明游览、公共安全等情况；服务文明指数主要反映窗口行业的服务态度、服务能力、服务纪律、文明举措等情况。2009—2011 年期间，上海城市文明指数由 78.95 提升至 91.60，表明上海市民文明素质和城市文明水平皆因世博会的筹办和举办获得了明显进步。其中第八次文明指数测评是在上海世博会闭幕之际开展的，在公共场所九项行为中，只有"在公共场所不吸烟、不随地吐痰"的评分低于90分，为88.26。但较之前，其面貌改善最为显著，因为在第一次测评中该项评分只有57.29，还未及格。世博会促进了上海城市基础设施完善、管理服务加强以及市民文明行为三者之间的良性互动，是上海城市文明指数实现可持续提升的保证。世博会后，上海更加强了城市"硬件"的改善及对市民文明行为这一"软件"的培养和巩固。

2019年上海行业文明指数达到90.40，较2018年的88.04进步明显。为了迎接首届进博会的召开，2018年市文明办、市商务委共同主办了进口博览会窗口服务保障组"冲刺100天，服务百分百"活动。2019年为全力保障即将召开的第二届进博会，上海开展行业服务提升工作。上海市文明办牵头全市42个行业和商务领域各行业开展窗口服务保障工作，组织开展社会宣传、培训与服务竞赛、主题活动及窗口服务监督评价，提升行业服务水平。围绕迎办第二届进博会，各行业共设置宣传点位3478个，开展培训2387次，组织技能竞赛932场，举办主题活动956场，开展行业自查4361次，并由第三方机构组织开展了全市行业文明指数测评。行政性服务行业中，排名前三的行业分别是出入境管理、市场监督管理和海关行业。公用性服务行业中，排名前三的分别是民政、电力和航空港民航行业。生活性服务行业中，排名前三的分别是专业剧场、银行和加油站行业。

4.1.2　科学素质

公民科学素质水平是决定一个国家整体素质的重要指标，全面提升并客观衡量公民科学素质对于新时代的社会经济发展具有重要意义。早在 2016 年，习近平总书记就在"科技三会"上指出，科技创新、科学普及是实现创新发展的两翼，要把科学普及放在与科技创新同等重要的位置。没有全民科学素质的普遍提高，就难以建立起宏大的高素质创新大军，难以实现科技成果快速转化。

在各个国家和地区有关市民素质、素养的测评体系中，科学素质都受到相当重视。美国从 1972 年起每两年开展一次公众素质调查，提高公众对科学和技术的认识是美国的基本国策之一。中国公民科学素质抽样调查每五年进行一次，上海公民具备科学素质的比例从 2010 年的 13.74%、2015 年的 18.71%、2018 年的 21.88%，上升到 2020 年的 24.30%，已连续四次位居全国第一。特别值得一提的是，2020 年的数字（24.30%）比《中国公民科学素质建设报告（2018 年）》中公布的数字高出 2.42%，已经接近欧美等发达国家公民具备科学素质的水平。

城乡、年龄、教育程度是影响科学素质的重要因素。2018 年开展的上海市公民科学素质调查结果显示，上海市城镇居民具备科学素质的比例达到了 24.01%，农村居民达到 10.12%。从年龄看，中青年群体科学素质水平较高，之后随着年龄段升高科学素质水平有明显下降。18—39 岁年龄段公民具备科学素质的比例达到 33.24%，40—54 岁和 55—69 岁年龄段的比例分别为 19.21% 和 8.82%。从教育程度看，大专及以上文化程度公民具备科学素质的比例达到 40.12%，高中（中专、技校）教育程度的比例为 17.78%，初中及以下文化程度的比例为 3.62%。

上海市民对科学技术持积极态度。88.7% 的市民赞成"科技创新与科学普及同等重要"，83.6%的市民对"到2050年，我国将建成世界科技创新强国"充满信心，84.6%的市民赞成"公众对科技创新的理解和支持，是加快我国创新型国家建设的基础"，有87.7%的市民赞成"尽管不能马上产生效益，但是基础科学的研究是必要的，政府应该支持"。同时，上海市民有参与科技决策的强烈意愿，82.8%的市民支持"政府应该通过举办听证会等多种途径，让公众更有效地参与科技决策"。

科学与发展观达标率高。在传统"四科两能力"基础上，近年来对市民科学素质的测评新增了科学与发展观、科学与社会两个维度的考察。2019年对上海某中心城区市民的科学素质调查显示，科学知识达标的有71.41%，科学方法达标的有82.32%，科学思想和科学精神达标的有90.4%，科学与发展观达标的有93.78%，科学与社会达标的有92.77%。在以上几个指标中，科学与发展观达标率较高，而科学知识和科学方法的达标率相对较低。

具备健康生活能力的公民比例较高。《全民科学素质行动计划纲要》中指出，公民具备基本科学素质一般指"了解必要的科学技术知识，掌握基本的科学方法，树立科学思想，崇尚科学精神，并具有一定的应用它们处理实际问题、参与公共事务的能力"。由此可见，具备科学素质的公民，不仅应在思想认识层面体现科学性，而且应能运用科学素质提升生活质量，也就是具有科学活动的能力。对上海某中心城区市民的科学能力调查显示，科学能力达标率为75.5%，即同时具有参与公共事务能力、健康生活能力、科学工作能力的公民占75.5%。其中，具备健康生活能力的公民比例最高，达91.5%；具备参与公共事务和科学工作能力的公民比例相近，分别为

87.85% 和 87.26%。公民在科学能力的不同方面具有较强的一致性。

4.1.3　健康素质

随着我国经济社会发展进入新时代，在物质财富极大丰富的同时，健康的重要性日益凸显。2016 年 10 月，党中央、国务院颁布了《"健康中国 2030"规划纲要》，这是我国首次在国家层面提出健康领域的中长期战略规划。作为贯彻落实中央精神的重要举措，上海市委市政府于 2017 年 9 月发布《"健康上海 2030"规划纲要》，明确了"健康上海"建设在 2020 年和 2030 年的主要目标：即到 2020 年，城市公共政策充分体现健康理念，建立与上海经济社会发展水平相适应、与城市功能定位相匹配、以市民健康为中心的整合型健康服务体系，健康基本公共服务更加优质均衡，多层次健康服务和健康保障体系进一步完善，绿色安全的健康环境基本形成，健康产业规模和质量显著提升，基本实现健康公平，居民健康水平进一步提高，成为亚洲医学中心城市、亚洲一流的健康城市。

2019 年上海户籍人口人均期望寿命为 83.66 岁，相比 2014 年增加了 1.37 岁。中小学生肥胖问题近年来引起广泛关注。长期以来，上海卫生和教育部门共同关注学生营养与健康工作，在学生营养午餐供应、食品安全保障和体育活动开展等方面实现规范化，学生营养状况得到了改观，学生的营养不良率、缺铁性贫血率控制在了低水平，学生在校的体育锻炼时间和强度得到了保证。

2020 年市健康促进委员会委托市健康促进中心开展《上海市公共场所控制吸烟条例》(简称《条例》)实施情况监测，监测全市 16 个区的 1843 个场所，共调查 34076 名人员。结果显示：公共场所的控烟状况进一步改善，"室内无吸烟室"的场所比例从98.9%上升至99.5%。同时，场所内吸烟发生率进一步降低，本次监测结果为12.8%，与2019年相比下降1.5个百分点。此外，市民对《条例》的知晓率进一步提高，较2019年上升1.6个百分点，为89.9%。

在体育运动方面，近年来，上海市体育行政管理部门通过消除市场开放壁垒，海纳百川开门办赛，积极调动社会主体参与赛事的主观能动性。城市业余联赛品牌溢出效应明显，赛事库不断扩容，2019年共计开展赛事活动近6000场，参赛人数达330万余人次。2019年，上海市经常参加体育锻炼人数占常住人口比例为43.7%，相比2012年增长了4.1%。

4.2 大力推动文化建设

《全力打响"上海文化"品牌加快建成国际文化大都市三年行动计划（2018—2020年）》和《"上海文化"品牌建设重点项目150例工作目标及具体内容》都对上海文化发展提供了科学的顶层设计和充分的政策保障。以上海已有的若干知名文化品牌建设为基础，精心塑造海派特色突出、城市特质彰显、内涵价值丰富、感知识别度高的知名文化品牌，是提升上海城市软实力的必由之路。

4.2.1 文化产品

近年来，上海文化产业始终将高质量发展放在首位，聚焦优势产业，推动文化产业的规模持续增长，保持文化产业作为本地国民经济支柱产业的地位。积极培育科技含量高、创新程度高的文化产业新业态，优化产业结构，推动优质科创资源的集中；不断扩大对外文化开放，推动各类文化产业要素的双向流通，建设国际化的文化产业高端平台，发挥跨区域网络核心的专业服务功能；顺应互联互通的文化生产力形态，大力培育数字创意产业的优质内容。

2019 年，上海文化及相关产业的增加值为 2302.13 亿元，占上海 GDP 的 6.1%。从文化产业的结构分布来看，上海文化产业的主体部分即文化核心领域实现增加值 1765 亿元，文化相关产业实现增加值 537 亿元。网络文化服务、文化休闲娱乐服务和以广告、会展文化服务为主的其他文化服务三大行业分别实现增加值 130.29 亿元、149 亿元和 138.09 亿元，合计 417.38 亿元，占文化服务业增加值的 76%。新闻服务、出版发行和版权服务、广播、电视、电影服务、文化艺术服务等传统文化产业实现增加值 65.68 亿元。

4.2.2　文化品牌

文化品牌，是指以文化为主要指导方法的品牌塑造，通过对文化活动赋予深刻丰富的内涵，建立鲜明的品牌定位，并充分利用各种传播途径，形成受众对品牌的认同，形成强烈的品牌效应。文化品牌对于发展文化产业，有着集聚资本、引导消费、延伸链条、倍增利润等多重功能。以文化品牌引领文化产业的发展，业已成为全球城市或地区推动文化产业发展的重要路径。在全球化背景下，塑造城市文化品牌，是全球文化城市建设的首要任务。像纽约、伦敦、东京等国际大都市在经济转型时期，大都是通过完善文化品牌战略来提升自身的全球文化影响力和巩固竞争优势的。文化品牌是城市的重要标识，也是推动经济、社会和城市发展的重要动能。依托优势资源塑造起来的城市或区域文化品牌能够反映出该城市或地区在文化活动和习俗方面的内容。

上海在城市文脉传承方面，历来坚持"开放文化"与"多元文化"长期发展，并且有着红色文化、江南文化、海派文化的深厚积淀。面向未来，在迈向社会主义现代化国际大都市的战略愿景下，上海不仅要打造具有全球影响力的城市功能，还要打造具有自身鲜明特质的城市文化。打响"上海文化"品牌，用好用足丰富的文化资源，同时紧紧围绕国际文化大都市的战略目标，对标著名全球城市，着力发展文化创意产业，提升公共文化设施效能，加强城市历史文化遗产保护，打造开放、创新、包容的城市文化氛围。《全力打响"上海文化"品牌加快建成国际文化大都市三年行动计划（2018—2020年）》，构建了形成三大品牌任务、12项专项行动、46项抓手、150例重点项目、65家责任单位的文化品牌建设任务体系。

通过加强重大文化活动的顶层设计、着力整合各类节展资源、创新活动管理思维和路径，上海已经培育出了一批重大文化品牌活动，包括上海国际电影节、上海书展、中国上海国际艺术节、上海旅游节、上海双年展、"上海之春"国际音乐节、上海市民文化节、上海国际芭蕾舞比赛、上海静安现代戏剧谷、中国国际数码互动娱乐展览会（China Joy）等。

4.2.3　文化设施

在"十三五"期间，上海在全国率先实现基本建成现代公共文化服务体系的既定目标，健全覆盖城乡的公共文化设施网络。按照城乡一体化发展的要求，规划建设布局均衡、功能集成、服务便捷的公共文化服务设施，构建起完善的市、区县、街镇、居村四级公共文化服务设施体系，取得了一系列进展和实绩。

第一，在完善重大公共文化设施空间布局方面，全市相继建成了上海历史博物馆、上海交响音乐博物馆、上海金融博物馆暨银行博物馆、刘海粟美术馆新馆、程十发美术馆、国际乒联博物馆、奉贤区博物馆等文博场馆，并陆续开放；上音歌剧院、上海国际舞蹈中心、九棵树未来艺术中心等一批文体设施也已建成并投入使用，中共一大会址纪念馆完成展览陈列扩容并重新开放；"十三五"时期计划建设的三大市级文化设施上海图书馆东馆、上海博物馆东馆、上海大歌剧院，以及宛平剧场改扩建项目、上海少年儿童图书馆新馆建设工程、上海马戏城中剧场迁建工程、上海越剧艺术演艺传习中心等项目正在有序建设中。

第二，在提升公共文化设施改造升级方面，全市各部门都有所作为：市科委推动 83 家社区创新屋提升发展；市民政局新增 40 家社区综合为老服务中心；市体育局新建改建 112 条市民健身步道、76 片市民球场、345 个市民益智健身苑点；团市委推动 1035 家青年中心建设，打造青年文化服务阵地；市文明办加快推动新时代文明实践中心试点工作，并形成试点经验加以推广。

第三，在推进文化设施惠民实事项目落地过程中，政府各部门通力合作，积极提供保障。截至 2019 年年底，上海累计完成 5546 个居村综合文化活动室服务功能提升，基本实现居村全覆盖。在此基础上，徐汇、杨浦、闵行等区积极推动建设基于街镇、村居中间的 3.5 级邻里中心、街区中心、客堂间、睦邻点等基层服务点。同时，全市通过在商圈、地铁、机场等公共空间打造城市公共文化客厅，以及建设城市文化广场、主题图书馆、文化服务点等形式，大力拓展都市公共文化空间，按人口和服务半径均衡布局、差别配置，进一步提升"15 分钟公共文化服务圈"水平。

第四，在图书馆、文化馆总分馆制建设改革方面，实现资源整合下沉，有效扩大覆盖面。市文广影视局、市新闻出版局、市发展改革委、市财政局联合印发《关于推进上海市区级图书馆总分馆制建设的实施意见》《关于推进上海市区级文化馆总分馆制建设的实施意见》，结合上海基层公共文化服务阵地实际情况，按照"区级馆为总馆、街镇社区文化活动中心为分馆、居村综合文化活动室（中心）为服务点"的模式，积极鼓励社会力量参与，实现资源区域内联动共享，全面推进区级图书馆、文化馆总分馆制建设。

4.3 创新提升治理效能

从本世纪初开始，上海在依法治市实践中，在吸收专家学者研究成果和兄弟省市经验基础上，立足本地实际，对特大城市现代化实力进行了创新探索，取得丰硕成果。其中立法引领、法治政府、司法公信、社会治理等方面有着突出工作亮点和实践经验。

4.3.1 立法引领

多措并举，强调高水平开放制度供给。（1）助力提升城市综合实力和能级。围绕强化科技创新策源功能，制定《知识产权保护条例》；围绕强化全球资源配置功能，通过全国首部地方《会展业条例》，设立"进博会服务保障"专章，保障进博会"越办越好"。制定《地方金融监督管理条例》，明确防控金融风险的属地责任，健全上海市处置化解金融风险的工作机制。（2）促进和保障浦东高水平改革开放。开展《关于促进和保障浦东改革开放再出发实现高质量发展的决定》执法检查，开展《中国（上海）自由贸易试验区条例》修法调研，听取市政府关于自贸试验区临港新片区建设情况的报告。

（3）支持长三角区域高质量一体化发展。会同江苏、浙江人大同步作出《关于促进和保障长三角生态绿色一体化发展示范区建设若干问题的决定》，共同赋予示范区执委会相关省际管辖权，支持示范区打破行政壁垒、提高行政效能。为了落实长三角区域铁路沿线地区各级政府护路联防责任，率先审议通过《铁路安全管理条例》。

提高站位，凸显高质量发展制度供给。（1）加强疫情防控法治保障。制定全国首个疫情防控地方性法规《关于全力做好当前新型冠状病毒感染肺炎疫情防控工作的决定》。适应疫情防控常态化要求，及时新增并审议通过《公共卫生应急管理条例》，强调平战结合。推动做好"六稳""六保"工作。面对疫情对经济发展造成的严重冲击，及时部署"稳就业""稳投资""稳外资"三项专题调研和促进就业专项监督。（2）夯实优化营商环境法治基础。制定《优化营商环境条例》，推动32个市级部门制定配套政策116项，在"上海人大网"公布。修改《促进中小企业发展条例》，将促进中小企业发展确定为本市长期发展战略。制定《外商投资条例》，完善跨国公司在沪设立和发展地区总部及研发中心的支持保障政策。修改《反不正当竞争条例》，将法律规定的七类不正当竞争行为予以细化列举，强化调查取证和违法惩戒，维护全市公平竞争的市场秩序。

聚焦问题，突出高品质生活制度供给。（1）围绕"老小旧远"推动民生改善。制定综合性的《养老服务条例》，制定《公共文化服务保障与促进条例》，开展《急救医疗服务条例》执法检查，促进本市基本公共服务高质量供给、均衡化布局、便民化服务。（2）规范提升家政服务品质。为解决家政服务市场尚不规范、供需不对称等问题，推动家政服务行业规范发展，匹配市民家庭家政服务需求，由市人大常委会主导起草审议并通过全国首部《家政服务条例》。

抓住关键，注重高效能治理制度供给。（1）提升城市安全和基层治理法治化水平。修改《消防条例》，审议《非机动车安全管理条例》，推动智慧消防纳入"一网统管"体系，强化电动自行车充电安全管理。联动各区人大开展《街道办事处条例》执法检查，明确市级层面支持街道办事处建设的统筹机制和责任部门，要求严格实施行政事务准入制度，切实为街道办事处减负增能。高度重视《民法典》实施，及时通过《不动产登记若干规定》，一揽子修改《住宅物业管理规定》等8件地方性法规。（2）推动生态环境保护。贯彻实施长江大保护战略，制定出台全国首个长江流域特定物种保护法规《中华鲟保护管理条例》。坚持久久为功，联动16个区人大开展《生活垃圾管理条例》执法检查。开展《土壤污染防治法》执法检查和专题询问，压实企业土壤污染防治主体责任和政府监管责任，构建社会参与机制，完善污染地块治理和全过程管控。

4.3.2　法治政府

全面履行政府职能，简化行政审批流程。（1）推进"一网通办"全面展开，构建网上办事平台。法治是最好的营商环境，坚持把"政务服务一网通办"作为深化"放管服改革"和优化营商环境的重要抓手，一以贯之深化推进。（2）深化"双减半"改革，减轻办事负担。通过大力推进业务流程优化再造，努力实现行政审批事项办理时限和提交材料"双减半"，在承诺"只跑一次"的基础上，尝试告知承诺制和容缺受理，加快政府职能转变。（3）实施"最多跑一次"改革，聚焦流程再造助力实现"零材料""零跑动"。（4）深化"双随机、一公开"监管制度。

对标最高标准，持续营造和优化法治化营商环境。（1）营商环境保护共同体建设。全市各领域营商环境便利度全面进入国际先进行列，形成充满活力、富有效率、更加开放的市场化、国际化、法治化营商环境，一些领域营商环境的竞争力进入国际先进行列。以全面开展企业大调研工作为抓手，深入开展企业服务工作、帮助企业解决问题困难。（2）依法打击不正当竞争行为，鼓励市场主体公平竞争。聚焦世界银行《2020年营商环境报告》中我国失分指标反映存在的短板，以国际最高标准、最好水平、最佳实践为目标，努力提高全市营商环境。（3）优化营商环境，依法保障企业合法自主经营活动。依托法治服务中心这一平台，为全市的经营者提供法律服务与指导，为优化辖区营商环境提供法治保障。聚焦世行对标改革和以"一网通办"为重点，针对企业反映的难点、痛点和堵点问题，落实具体政策，加大改革力度。

行政决策科学化、民主化、法治化。（1）提高重大行政决策公众有效参与率，增强重大决策民主性。一是重大行政决策涉及企业和特定群体、行业利益的，充分听取企业、行业协会商会、人民团体、社会组织、群众代表等的意见；二是进一步发挥法制机构在依法行政中的职能作用，强化合法合规性审查。（2）保证重大行政决策专家有效论证率。对于专业性、技术性较强的决策事项，坚持组织专家论证必要性、可行性、科学性，保证重大行政决策专家论证率。（3）以完善决策机制为抓手，建立重大决策风险评估机制，着力规范行政权力运行。（4）完善行政决策程序制度，确保重大行政决策程序、内容、实施和监督合法，严格执行"三重一大"集体决策制度，按照科学决策、民主决策、依法决策的原则，坚持先调查研究后集体讨论决定。（5）保障重大行政决策合法性审查率，严格执行依法决策制度。

规范公正文明执法。（1）以增强领导干部的依法行政观念和依法行政能力为抓手，进一步提高政府的依法治理观念和依法管理、服务社会的水平，做到心中有法、虑必及法、言必合法、行必依法。（2）加大重点领域执法力度。重点领域包括拆除违章建筑面积、群租、安全生产、消防等群众切身利益相关领域，对其开展专项检查。

加强对行政权力的制约和监督。（1）关注"12345"市民热线答复满意度，深入推进法治实践。保证市民服务热线受理工作顺利进行，坚持以法治思维法治方法解决热线事项处置中的矛盾与问题。（2）对标新规要求，完成规范性文件备案审查工作。严格对照关于行政规范性文件管理的规定，进一步完善规范性文件备案审查工作。（3）实现年度政务公开和政府信息公开，检查评估结果。严格依法行政，做好政府信息公开。认真贯彻落实《中华人民共和国政府信息公开条例》。（4）做到政务公开，保证政府信息公开及时性。（5）确保年度行政机关负责人出庭应诉，依法开展行政应诉工作。

4.3.3 司法公信

严格规范公正司法，维护社会公平正义。（1）严厉打击刑事犯罪，确保社会安全稳定。牢记党和人民赋予的光荣使命，促进社会公平正义、保障全市经济社会发展平稳有序。（2）妥善处理民商事纠纷，服务经济社会发展。充分发挥审判职能作用，营造稳定公平透明、可预期营商环境，推动经济持续健康发展。通过探索审判机制，创新工作形式，服务经济社会发展大局，营造良好的营商环境。（3）依法履行行政审判职能，促进法治政府建设。充分发挥行政审判职能，规制行政行为，严格规范公正文明执法，促进依法行政，推动法治政府建设。（4）巩固执行成果，推进执行难题攻克。巩固"基本解决执行难"成果，健全长效机制，推进执行工作向着"切实解决执行难"目标迈进。（5）用好司法手段，完善执行联动机制。整合优化司法资源，构建多样化执行体系，提高被执行人的违法成本。

强化诉讼活动法律监督，维护司法公正公信。（1）做优刑事诉讼监督。加大立案监督力度，在每起案件中，落实司法公正理念。（2）做强做实民事行政监督。健全案源发现、内外协调、社区宣传机制，稳步解决监督线索发现难、调查取证难等问题。建立检察建议跟踪机制，通过检察建议同步抄送审监庭，增强监督刚性，督促整改落实。做实行政检察监督，强化上下联动，形成监督合力，提高诉讼监督质效。（3）加强刑罚执行和监管活动监督。通过强化对执行和监管过程的监督职能，忠实践行人民检察为人民的庄严承诺，不断提升检察机关执法公信力。（4）全面推进检察公益诉讼。通过公益诉讼检察工作，检察机关与行政机关加强沟通协调，实现维护国家利益和社会公共利益的共同目的。

扎实推进司法改革，满足人民司法需求。（1）坚持以人民为中心的发展思想，不断创新司法便民利民机制，让人民群众有更多获得感。健全多元纠纷解决机制，发挥诉调对接中心分流案件、快速解决纠纷的功能作用，同时全面落实司法公开。（2）围绕全面落实司法责任制和推进司法体制综合配套改革。完善审判权力运行机制，努力实现改革落地见效，不断推进法官员额制改革，优化审判人员队伍配置，初步形成科学的审判人员配置体系。

4.3.4 社会治理

落实行政与执法普法宣传，实现普法宣传多部门联合。（1）落实"谁执法谁普法"普法责任制，建立普法责任制履职评议机制，结合日常执法，高度重视普法工作。（2）部署普法具体任务，把普法作为全面推进法治建设的基础性工作，纳入各单位各部门工作总体布局，做到与其他业务工作同部署、同落实、同检查。加强普法工作考评，将普法依法治理工作纳入年度考核范围。（3）切实做到依法行政执法，提高法治文化的传播力，推进严格规范公正文明执法，营造良好法治环境。（4）提高商务楼宇公共法律服务工作站覆盖率，营造商务楼宇法治环境。（5）做好执法人员普法教育，确保普法人员保障数量与质量。各部门及时落实法治专项经费保障制度，改善装备和工作条件以提高法治工作的现代化水平。

推进诚信建设体系建设，营造社会诚信氛围。建立健全社会信用体系建设推进体系。打造事前承诺、事中评价、事后推送红黑名单的诚信体系，创新和完善市场主体信用分类管理机制，并在重点领域开展专项整治。引导建立市场化综合信用评价机制。引入第三方社会评估机制，通过360度全方位打分评价，综合评定企业运行状况。

推动公共法律服务社会化，真正做到普惠大众。（1）完善公共法律服务体系建设与运行机制，充分发挥公共法律服务室服务功能。公共法律服务体系建设完备化，完善基层法治建设，开展法制宣传教育，切实提升社区依法行政水平。（2）健全法律援助体系和应援尽援机制，扩大法律援助工作的覆盖面。（3）关注特殊人群需求，健全特殊人群帮扶法律服务机制。（4）提供专业法律咨询服务，坚持聘请专业律师在司法所接待窗口为社区居民提供免费法律咨询，确保区公共法律服务中心、街镇公共法律服务站、社区公共法律服务点所等地提供法律咨询。（5）完善110报警处理机制，推动社会稳定。

基层民主法治建设日益完善，人民文化生活更加丰富多彩。（1）推动标准化居村综合文化活动室数量增加，营造社会文化氛围。利用多项改造，还原、复绿、规划重建，改变群众身边"脏乱差"，将旧空间打造成"新天地"。提升公共文化服务功能。（2）根据区民主法治社区评估体系，围绕党建、民主、法治、自治成效（及创新）等方面，创建年度任务清单，聚焦社区中的难点、热点、堵点、痛点问题，形成具体工作方案，列入各居委会年度工作任务。（3）规范小区业主委员会成立，引导业委会健康发展。（4）推动垃圾分类工作，提高市容环境卫生满意度测评总体评价。（5）根据"居民小区加装电梯"推动美丽家园建设，激活居民自治动能。制订加装电梯《群众工作指导手册》《专业技术指导手册》，在加装电梯过程中全程提供法律意见，使民生工程有法可依、依法进行。

4.4　优化创新创业生态

2014年5月，习近平总书记在考察上海时提出"要加快向具有全球影响力的科技创新中心进军"。2016年4月，国务院批复《上海加快建设具有全球影响力的科技创新中心方案》，提出上海建设具有全球影响力的科技创新中心的"两步走"目标：2020年形成全球科创中心基本框架体系；2030年形成全球科创中心的核心功能。从建设具有全球影响力的科技创新中心的目标明确和《上海系统推进全面创新改革试验加快建设具有全球影响力的科技创新中心方案》得到国务院批复之后，上海先后开展一系列工作，对照科创中心建设目标，重点落实国家批准的相关方案，加快构筑科创中心的"四梁八柱"，努力形成科创中心基本框架的雏形。抓能力提升，将建设张江综合性国家科学中心作为科创中心建设的核心任务。通过深化科技体制机制改革，充分激发各类创新主体创新创业内在动力。建好众创空间，为创新创业者提供低成本、便利化、开放式的综合服务。

4.4.1　体制机制创新

推进科技创新中心建设，重视从体制上研究解决政府自身错位、越位、缺位问题，最大限度释放市场配置资源的决定性作用，充分激活市场主体的创新动力，全面激发各类人才的创造活力。在"十四五"期间，针对抑制科技创新和阻断创新链的问题，列出各项政策的突破点、提出政策措施和改革创新举措，突破产学研用相结合的体制机制障碍，使应用型科技创新成果更多更好地产业化。

五年来上海强化科技创新中心建设制度供给，一是国家授权上海先行先试的领域。2016年国务院授权上海先行先试的10项改革举措目前基本落地，包括：研究探索鼓励创新创业普惠税制；探索开展投贷联动等金融服务模式创新；改革股权托管交易中心市场制度；扩大高新技术企业认定范围；完善股权激励机制；探索发展新型产业技术研发组织；开展海外人才永久居留便利服务等试点；简化外商投资管理；改革药品注册和生产管理制度；建立符合科学规律的国家科学中心运行管理制度等方面已经形成了一批可复制推广的改革举措。在国务院批复的两批 36 条可复制推广举措中有 9 条为上海经验，占总数的 1/4。二是推进科技体制地方配套改革。上海发布了超过 70 个地方配套政策，涉及 170 多项改革举措。着力在制度创新上做文章，先后启动推进科创"22 条"、科改"25 条"、成果转化条例等系列改革试点，为科创中心建设提供有力支撑。此外，率先探索优化科创中心建设管理体制，成立上海推进科创中心建设办公室。

2019 年 9 月 25 日，《上海市推进科技创新中心建设条例》通过审议并于 2020 年 5 月 1 日正式施行。条例草案共十章六十四条，分为四大板块，从站位上进一步体现了实施国家战略的应有高度，充分展示上海科技创新中心建设的目标愿景和推进路径，勾勒上海科技创新中心建设的"四梁八柱"，既有对现有政策规定的转化，也有实践中行之有效做法的固化。条例涉及诸多体制机制创新、制度创新的前瞻规定，因而成为上海科技创新中心建设的总纲性文件。

条例重点围绕"创新"特点和"建设"规律，突出了"激发创新主体活力""提升科技创新能力""聚焦承载区建设""优化创新环境"逻辑主线，针对规划布局、开放合作、创新主体、新型研发机构、产业技术创新联盟、产业体系以及创新产品应用、人才政策导向等内容进行立法，从而为建设具有全球影响力科技创新中心提供法制保障。

条例以打破制约创新的各种壁垒和束缚为目标，以三个"最"体现立法理念：最宽松的创新环境、最普惠的公平扶持政策、最有力的保障措施。条例聚焦赋予科研事业单位有更大的人财物自主权、聚焦让科研人员敢啃"硬骨头"、勇闯"无人区"等多个方面，为创新提供了"上海方案"。同时，条例重点体现科技创新中心建设与其他"四个中心"建设、自贸试验区建设、长三角区域一体化建设等联动发展，将"金融环境建设""知识产权保护"独立成章，体现"上海特色"。例如，条例明确上海配合国家有关部门发展多层次资本市场和金融要素市场，支持符合条件的企业在多个层次的资本市场开展上市挂牌、发行债券、并购重组、再融资等活动；市知识产权部门建设知识产权综合服务平台，开展知识产权检索查询、快速授权、快速确权和快速维权等相关服务。

目前，上海科创中心制度改革的主体架构已基本确立。但部分措施的落地实施与企业的需求，仍然需要进一步结合，这也是上海在国际权威机构评价体系中创新创业领域指标得分偏低的主要原因。

4.4.2　科技金融服务

2015 年 8 月，上海正式出台了《关于促进金融服务创新支持上海科技创新中心建设的实施意见》，以进一步推动科技与金融的紧密结合，提高科技创新企业融资的可获得性，促进金融服务创新、支持上海科技创新中心建设。《意见》从多元化信贷服务体系创新、多层次资本市场支持作用、增强保险服务科技创新功能、推动股权投资创新试点、加大政策性融资担保支持力度、强化互联网金融创新支持功能等方面入手，针对科技创新信贷融资、服务机制、外汇利用、证券交易所和科技创新板、直接融资、科技保险、股权投资改革和市场建设、政策性担保、互联网金融支持、平台与金融机构合作等内容，为上海建设具有全球影响力的科技创新中心提供政策性支持。

2019 年 10 月，央行上海总部向辖内金融机构印发《关于促进金融科技发展支持上海建设金融科技中心的指导意见》，主要从打造具有全球影响力的金融科技生态圈、深化金融科技成果应用、加大新兴技术研发、持续优化金融服务、加强长三角区域金融科技合作共享、提升金融科技风险管理水平、提升金融科技监管效能、加强人才培养和合作交流等八个方面提出 40 项指导意见。2019 年 12 月 26 日，科技部与上海证券交易所就共同促进科创板的健康发展、加强支持国家重大创新任务签署合作备忘录。

2020 年 1 月，上海发布《加快推进上海金融科技中心建设实施方案》，推出金融科技企业培育、税收优惠、人才引进等一系列措施，提出 5 年内建成具有全球竞争力的金融科技中心。该方案从五方面提出 25 条创新务实的工作举措。例如，全速推进金融科技关键技术的研发。积极推动大数据、人工智能、区块链、5G 等新兴技术深入研发攻关，推动技术创新与金融创新融合发展。提高金融科技服务实体经济能力，增强民生领域金融服务的获得感和满意度。大力吸引金融机构和大型科技企业在上海设立金融科技子公司、金融科技研发中心、开放式创新平台，加快形成金融科技企业集群。推进跨部门数据共享，依法有序丰富金融科技数据资源。营造公平竞争、有序规范的市场环境，为新兴金融科技产业发展提供法治保障。2020 年第 27 期全球金融中心指数再次引入金融科技排行榜，在金融科技领域投入和发展情况比较中，上海位列第三名，仅次于纽约和北京。这说明上海已经具备扎实的基础。

金融和科技的融合程度，对企业的融资环境具有重要的影响。利用金融创新，可高效、可控地服务于初创企业的新金融业态和新产品，例如天使投资、风险投资和 PE、公司创投、科技银行等等都能提供对初创企业的金融支持。根据第一太平戴维斯（Savills）2019 年全球风投数据，北京的风投规模已经超过了纽约、位列世界第一。而上海的风投仅约为北京的三分之一、纽约的一半（见图4-1）。在研发投入方面，中国城市的研发投入占 GDP 的比重仅在国际主要城市中处于中间位置。

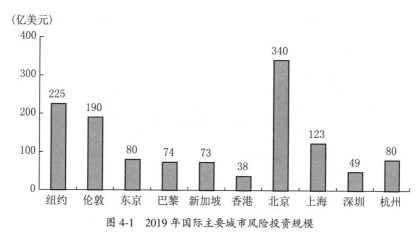

图 4-1　2019 年国际主要城市风险投资规模

资料来源：Savills。

因此，上海科技金融服务在基础研究、关键共性技术攻关、科技金融服务特别是风投基金等市场化、科技金融产品创新、科技金融风险管理、科技金融监管效能等方面加大投入，以金融创新推动人才培养和国际合作交流，补足长三角区域科技金融合作等方面的短板。

中国（深圳）综合开发研究院与伦敦 Z/Yen 集团发布的 2019 年《国际金融中心指数（GFCI）》显示，上海的金融市场发展水平较高，排名世界第五，已经超越巴黎及东京，并接近新加坡与香港（见图 4-2）。金融市场发展越完备成熟，意味着企业有更多的机会和渠道获得资金。但是企业在上海获得信贷的资金成本仍较高。根据世界银行发布的 2019 年贷款利率数据，上海的贷款利率达到 4.3%，远超伦敦（0.5%）及东京（1%），高于纽约（3.9%），略低于新加坡（5.3%）以及香港（5%）。较高的资金成本会给企业（尤其是中小型企业）的经营活动造成沉重负担。

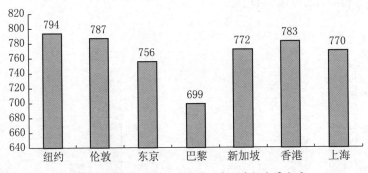

图 4-2　2019 年国际主要城市的金融市场发展水平

资料来源：中国（深圳）综合开发研究院和伦敦 Z/Yen 集团《国际金融中心指数（GFCI）》。

4.4.3　科技人才培养与交流

自建设具有全球影响力的科技创新中心目标确定以来，针对如何引才、用才、留才，上海近些年来不断推出"人才新政"，营造人才创新创业生态环境，努力打造海内外人才的汇聚之地、培养之地、事业发展之地以及价值实现之地。上海先后出台人才新政"20条""30条"，2018 年发布《上海加快实施人才高峰工程行动方案》，聚焦生命科学与生物医药、集成电路与计算科学等 13 个上海有基础、有优势、能突破的重点领域，"量身定制，一人一策"遴选高峰人才，进一步推动上海形成对全球高峰人才的"磁吸效应"。

2020 年 8 月，市委、市政府再次印发《关于新时代上海实施人才引领发展战略的若干意见》，提出围绕上海强化"四大功能"、建设"五个中心"，在未来五年聚焦重点产业、重点区域以及基础研究领域大规模引育优秀青年人才，加快构筑与上海经济社会发展适应的科学规范、开放包容、运行高效的人才发展治理体系，形成具有全球竞争力的人才制度优势，建设具有全球集聚力的创新和创业综合生态系统，打造全球性高峰人才的成长地。《意见》还提出以更加开放有力的政策集聚海内外优秀人才，优化出入境、居住和工作许可制度，创新海外引才方式，提升对青年人才集聚的吸引力；以更加务实创新的举措造就高水平人才队伍，继续实施高峰人才引领工程，推进基础创新人才培育工程和卓越制造人才提升工程，优化全市人才计划体系；以更加灵活有效的政策激励人才创新和创业，推动科技成果转化；以更加宜居宜业的环境打造最优人才发展生态，着重提升人才安居；强化金融对创新创业支持，优化创新创业载体。

人才要"引进来"，更要能"尽其用"。良好的创新创业生态系统是一个地区发展最具竞争优势的软实力。在科技部发布的2019年"魅力中国——外籍人才眼中最具吸引力的中国城市"评选活动结果中，上海再次排名第一，实现"八连冠"。上海海聚英才平台已征集1707家单位，10040个高层次人才岗位，关键核心技术攻关项目已吸引800余家企业、近百家服务机构参与，征集技术需求2400余项，意向金额逾40亿元。

上海的劳动力成本显著低于其他对标城市，低廉的用工成本可以一定程度上降低企业的总成本和资金压力。但是，较低的工资收入水平也意味着对于人才，尤其是国内外优秀人才的吸引力降低，不利于上海与其他国际大都市的竞争（图4-3）。

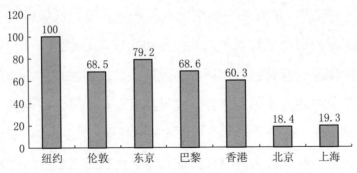

图 4-3　2019 年国际主要城市的居民收入水平（0-120）

资料来源：UBS。

4.5　着力改善人居环境

改善城市人居环境体现在软硬两个方面，包括公共服务供给服务、基础设施运营和生态环境建设等领域的工作。经过 20 世纪 90 年代以来的快速发展，上海在人居环境建设方面已经取得长足进步，特别是近些年随着经济发展和城市建设的加速，上海在人居环境的某些领域的水平和能力已经位居世界城市的前列。

4.5.1　提升公共服务

经过"十三五"期间的奋力工作，上海的基本公共服务制度体系基本建立，各领域基本公共服务设施网络基本成型，服务标准化、均等化水平等明显提升，同时，市民获得感不断增强。这些都有助于提升城市吸引力，增强城市软实力。

公共服务设施不断完善。根据新一轮的城市规划和人口空间布局，按照服务人口和服务半径，不断优化基本公共服务资源配置。根据发展需求，新增一批社区卫生服务中心、社区文化活动中心、社区嵌入式养老设施、社区健身苑点等。不断探索和试点 15 分钟社区生活圈，建设社区综合服务设施，逐步提高服务可及性、便利性。

稳步扩大各类保障性住房供给，至2020年底，养老机构床位达到15.9万张，新增中小学校306个，推进残疾人养护、孤儿养育等设施建设。

建立公共服务项目清单。经过多年的建设和发展，上海已经建立基本公共服务项目清单制度，并且发布《上海市基本公共服务项目清单》，明确9个领域96个服务项目的服务对象、服务内容、保障标准和牵头负责单位。此外，制定《上海市基本公共服务项目清单管理办法》，建立清单动态调整机制，稳步提高保障标准。完善基本公共服务财政保障机制，出台《基本公共服务领域市与区财政事权和支出责任划分改革方案》，逐步建立权责清晰、财力协调、标准统一、区域均衡的基本公共服务保障机制。

制定基本公共服务标准。在教育方面，实施城乡义务教育公办学校建设、设备配置、信息化建设、教师配置与收入、生均经费等五项建设和管理标准。医疗保险方面，实施全面覆盖城镇居民和农村居民的城乡居民医保制度，建立城乡统一的医保标准。拓展免疫接种、社区居民大肠癌筛查等基本公共卫生项目标准。在住房租房方面，出台《上海市实物配租廉租住房租金标准管理办法》，进一步完善保障类住房供应和分配标准。在文化服务方面，发布《上海市基本公共文化服务实施标准（2015—2020年）》，明确各项公共文化项目的服务标准、设施标准以及人员配备标准。在体育设施建设和管理方面，出台《上海市体育设施管理办法》，规范各类体育设施建设和服务标准。在养老服务方面，发布《关于规范本市保基本养老机构（床位）管理的通知》，推进保基本养老床位的规范管理。

创新公共服务体制机制。在养老服务方面，建立健全老年照护统一需求评估制度，作为全市养老基本公共服务和长期护理保险的"守门人"，推进照护服务与老年人照护需求更加合理匹配。在教育服务方面，推动学区化集团化办学向紧密型发展，覆盖75%以上的义务教育学校，推动实现学区和集团内优质资源共建共享共赢。在医疗服务方面，做实家庭医生"1+1+1"组合签约，到2020年底，已经签约居民超过800万人。在公共文化服务方面，积极探索公共文化配送合格供应商制度，推进企业、社会组织及个人参与公共文化资源配送和公共文化设施管理运行，全市90%以上的社区文化活动中心委托各类社会主体参与运营。持续推进教育、医疗卫生、文化体育、住房保障、社会保障、就业创业等民生服务纳入"一网通办"，至2020年底个人可办事项达2006项。不断健全公共卫生体系，新冠肺炎疫情防控取得重大成果，切实维护全市经济社会发展和人民生命安全。

4.5.2 完善基础设施

提高国际航运中心综合服务能力。完善与全球枢纽节点地位匹配的现代航运集疏运体系，优化现代航运服务体系，不断提升航运中心的综合服务功能。优化提升国际集装箱枢纽港功能。推进海港泊位结构优化，建成洋山深水港区四期，启动外高桥港区八期建设，实施罗泾港等港区功能调整，促进水水中转发展，大力发展江海联运等水路运输。促进海铁联运发展，加强铁路与港口的衔接。巩固和提升亚太航空枢纽港地位。着力提高浦东、虹桥机场服务辐射能力，完成浦东机场三期扩建、第五跑道和虹桥机场T1航站楼改造等重大项目建设，建设浦东机场与虹桥机场之间的快速交通通道。大力发展航空货运，建设国际空运货物分拨集拼中心和浦东机场国际快件转运中心，发展机场多式联运。筹建通用机场。

　　构筑便捷畅达的综合交通网络。落实公交优先发展战略，公共交通出行比重提升，中心城轨道交通客运量占公共交通客运量比重达到 60% 以上。按照"一张网、多模式"原则推进多层次轨道交通网络建设；加快实施新一轮轨道交通的规划和建设，利用现有及规划铁路，发展与中心城轨道交通网相衔接、支撑新城节点功能提升、与长三角城市相连通的市域快线网络。完善多层次交通系统功能。扩大铁路对长三角城市的覆盖面，加快推进沪通、沪乍杭、沪苏湖等方向的铁路通道建设。完善铁路客运枢纽布局，建设铁路东站。继续完善快速路网和越江跨河桥隧通道，增强中心城地面干道设施能力，着力提升虹桥商务区、上海国际旅游度假区等重点地区交通配套服务水平。加强静态交通规划建设和管理，合理制定不同区域的停车配建标准。加强与新能源汽车发展需求相匹配的设施规划建设。

　　确保供气供电供水安全稳定。坚持总量平衡、峰谷平衡和应急保障并重，提升电力、天然气、油品供应保障水平。拓展气源、增开通道、扩大总量，加强与长三角地区天然气管网的互联互通，提升天然气应急储备调峰能力。完善石油管道储运系统。优化本地电源结构，完善市外通道布局，加快城市配网升级改造。完善两江并举、多源互补布局，加强水源地保护力度，实施完成黄浦江上游水源地建设，开展长江水源水厂深度处理改造，推进区域连通管建设。

　　建设高速移动安全的新一代信息基础设施。推进信息基础设施更新换代和超前布局，拓展网络经济空间，最大限度释放信息生产力。实施传输网络超高速宽带技术改造，提供千兆到户接入能力，加强 4G 网络覆盖，推进 5G 网络规模试验或试商用，成为我国带宽最宽、网速最快的地区之一，公共活动区域免费 WiFi 覆盖率全国领先。建设下一代互联网示范城市，完成重点网络设施 IPv6 改造，推进新国际通信海底光缆建设和已建光缆扩容，大幅提升国际网络出口能力和互联互通水平。

4.5.3 改善生态环境

坚持以人民为中心深化生态环境保护工作。2019 年 11 月，习近平总书记在杨浦滨江考察时提出"人民城市人民建，人民城市为人民"的重要理念，要求上海在城市建设中注重以人民为中心，合理安排生产、生活、生态空间。良好的生态环境是一座城市最公平的公共产品、最普惠的民生福祉，与城市中的每个人息息相关。生态环境保护工作的成效，直接影响人民城市建设的成色。

2020 年 7 月，上海市委书记李强在上海市生态环境保护和建设工作会议暨中央生态环境保护督察整改工作动员部署会上指出，上海要深入学习贯彻习近平生态文明思想，从人民城市建设的高度，充分认识生态环境保护和建设对上海城市发展的重大意义，通过抓督察整改推动生态环保领域突出问题解决，以生态环境保护和建设工作新成效新进展助力疫情防控和经济社会发展实现双胜利、人民城市建设迈出新步伐。

近年来，上海继续加大环保工作力度，积极探索符合超大城市特点和规律的生态环境保护新路子，取得了阶段性成效。"十四五"期间，上海将对标新要求，持续深入提高人民城市生态环境保护的现代化水平，正如李强书记指出的，要强化环境执法监管的刚性约束，要以责任制为牵引，加快构建现代环境治理体系，这对加快推进城市生态环境领域相关立法提出了新要求。

降碳、绿色创新成为上海"十四五"规划的关键词。习近平总书记于2020年9月22日在第七十五届联合国大会一般性辩论上发表重要讲话，指出中国二氧化碳排放力争于2030年前达到峰值，努力争取2060年前实现碳中和。碳中和、碳达峰将成为我国"十四五"污染防治攻坚战的主攻目标。上海市委十一届十次全会决议明确了上海2035远景目标和"十四五"发展主要目标，到2025年，上海生态环境质量更为优良，超大城市治理更加高效，持续改善生态环境质量，加快建设生态宜居城市。根据上海"十四五"生态环境规划思路，生态环境保护重点工作主要体现在降碳、绿色创新、第三方治理这三个关键词上。

一是加快推动绿色高质量发展，突出绿色赋能。坚持"四个论英雄"导向，把降碳作为促进经济社会全面绿色转型的总抓手，持续推动能源、工业、交通和农业等"四大结构"调整，大力发展低碳环保产业，积极践行绿色低碳生活方式，着力打造长三角生态绿色一体化发展示范区、崇明世界级生态岛等一批绿色发展新高地。二是深入打好污染防治攻坚战，突出系统治理。牢固树立山水林田湖草是一个生命共同体的系统思维，统筹大气、水、土壤、固废、生态等治理保护，强化各环境要素的综合协同。三是积极打造安全健康生态空间，突出共享可达。重点是优化生态空间格局，完善城乡公园体系，多渠道拓展公共开放生态空间，扩大城乡生态服务供给；强化生物多样性保护，完善环境风险防控体系，确保城市生态环境安全。四是深化推进长三角区域污染联防联控，突出区域协同。紧扣一体化和高质量这两个关键词，完善长三角区域生态环境保护协作机制，落实好《长江三角洲区域生态环境共同保护规划》，探索区域生态环境共建共治共享新路径，共建绿色美丽长三角。五是加快构建现代环境治理体系，突出社会共治。重点是建立健全环境治理的领导责任、企业责任、全民行动、监管、信用、市场、法规政策和区域协作八大体系，强化制度创新、模式创新、政策创新和能力提升，注重社会化、市场化治理机制，推动形成全社会生态环境共建共治共享新格局。

4.6　多元扩大国际影响

2010年上海承办世博会，提出"城市，让生活更美好"的口号。借助世博会的契机，上海提出的城市发展口号响彻全球。近年来确定的"海纳百川、追求卓越、开明睿智、大气谦和"的上海城市精神和"开放、创新、包容"的城市品格，成为新的城市对外宣传品牌形象。进口博览会、自贸试验区新片区、长三角区域一体化发展、科创板试点注册等城市和区域重大工作、任务的开展，都进一步提升了上海的国际影响力。

4.6.1　发扬城市精神

在上海市2003年精神文明建设工作会议上，基于全市规模的大讨论正式将上海城市精神确定为"海纳百川""追求卓越"八个字。之后在2007年5月召开的上海市第九次党代会上，时任上海市委书记习近平同志在代表中共第八届上海市委所作的工作报告中新增了"开明睿智"和"大气谦和"的表述。由此确定上海的城市精神为

"海纳百川、追求卓越、开明睿智、大气谦和"。

海纳百川，是上海历史与现实最鲜明的特征。一座城市的历史风貌影响着城市精神的塑造。上海有其历史特殊性，特别是近代曾经作为世界多国殖民势力瓜分割据之地，又作为经济中心，上海在吸引各国各地移民的同时也纳入了其地方文化。在此基础上形成的城市风格，是许多国家和城市风格与江南地区城市民俗的综合。这一历史脉络，造就了海纳百川的上海城市精神。

追求卓越，是上海的文化本质。上海坚持艰苦奋斗的精神，不安于当下成就，而是着眼于未来，不断勇攀高峰，持续不断地奋斗努力。这种追求卓越的品格，体现于上海城市发展中所表现出来的勇于争当世界第一的精神。比如建造上海中心，承办 APEC 会议、世博会、进博会等。上海作为长三角城市群的中心城市，必须勇挑带动周边省市发展的重任，以浦东开发开放为引领，促使各区县共同在经济、政治、文化、社会、生态五个文明方位上追求更高的成就。对卓越的追求体现在"上海 2035"的规划中，目标是引领上海成为社会主义现代化国际大都市。

开明睿智，是上海人的生活态度。开明睿智意味着不固守成规，不路径依赖，不以习惯和旧习为锚点，而是与时俱进，勇于接受新事物新挑战，根据时代的变化审慎准确地决定发展方向。上海人历来就对新事物有着包容的态度，对改革也有着良好的适应度。中国许多的经济、文化、教育试点都是从上海开始进而辐射全国的，例如新中国第一支股票、第一个保税区、浦东开发开放都是在上海落地生根。2013 年 9 月 29 日，中国（上海）自由贸易试验区正式挂牌成立，面积 28.78 平方公里，成为中国第一个自贸试验区。2014 年，上海又首次启动国内电力辅助服务需求响应试点，响应节能减排的目标。敢于创先是上海人的集体特质，上海人热爱创新、勇于冒险，进而让上海的经济、社会、文化都充满活力。

大气谦和，是上海人的胸襟。一座发达的城市需要理性精神，上海已经将追求真理、崇尚科学、尊重自由、遵法守法的思想融入了城市血脉。宏观来看，作为全国的经济中心，上海必然要发挥龙头作用，引领其他城市发展。上海必须从长三角乃至全国的全景视角出发，放长视野，不计较短期得失，长期投资。上海人在日常生活行为中，积极推行多元文化服务，对本地和外地人员一视同仁，以大气谦和的姿态待人接物。上海作为大气谦和的城市对此应当有自觉、有远见，胸怀大局。

4.6.2　提升国际辐射力

国际会展。以 2010 年举办世博会为契机，上海会展业的蓬勃发展使得上海在打响城市品牌和树立城市形象上取得了重大突破，收获了更宝贵的无形资产。上海会展业的另一个重大转折是 2018 年举办的中国国际进口博览会。第一届进博会带动上海会展相关产业收入超 1400 亿元，当年由上海入境的 894 万旅客人次中，参展等商务目的的旅客占比在 50% 以上。进博会为上海日益完善的会展业带来了创新之机。

目前上海拥有 9 座专业展览馆，室内展览面积近 100 万平方米，场馆展能世界第一。2019 年上海举办展会 407 场，展会面积 2223.5 万平方米，数量和面积两项指标均列全国城市首位。在展览场地上，根据国际公认的指标来细分，上海拥有两个"超级场馆"（室内展览面积10万平方米以上）——国家会展中心（40万平方米）和新国际博览中心（20万平方米）。两个场馆均在世界超级场馆55强排行榜上，其中国家会展中心位居世界第二。上海全年展会淡旺季并不显著，3—11月每月的展会数量均在35场以上，会展市场近乎全年处于活跃状态。场馆面积优势使得上海举办大型展会数量占到全国总数的16%，展会规模分布结构合理。此外，办展主体整体比较活跃，大部分以行业协会为主导，且外资企业举办展会数量较其他城市更多。国际展面积占上海展览总面积的比重达到80%。2019年，全市会展业直接收入超过180亿元，拉动相关行业收入达1600亿元以上，位于中国会展城市之首。

文艺演出。据上海演出行业协会的数据，2016年上海专业剧场商业演出场次达8862场，剧场观众人次达592万，平均上座率74.66%，每场平均668人次。2020年上海演艺新空间总数已超过90家。上海的商业演出行业发展迅猛且向多元化差异化发展。上海的各个剧团是商演的中坚力量。2020年演出场次超过1.6万场、全年收入超过2.5亿元的上海民营院团，坚持主旋律创作，上海徐俊戏剧艺术中心创作的音乐剧《赵氏孤儿》取材自中国历史，形式也采用中国传统音乐剧的风格，成功打开市场。上海歌舞团创作的舞剧《永不消逝的电波》走向大众、走上春晚，诞生983天，演出260场，平均3.8天演一场。在结束全国巡演后还将在美琪大剧院开启百场驻演，将舞剧爱好者们吸引到上海来观剧，让上海"亚洲演艺之都"的名号更加响亮。

演艺新空间是上海设计的全国首创的"N+演艺"模式，通过两

年的经验探索，已经成功走出了一条跨行业、多业态发展之路。据
上海演出行业协会数据，2020年全市演艺新空间累计演出场次逾万
场。截至2021年上半年，演艺新空间尚演谷的《不眠之夜》137场
演出票房高达3111万元，具有极强的商业潜力。与人民大舞台连通
的亚洲大厦一连开发了九个演艺新空间。首部驻场演出《阿波罗尼
亚》自2020年8月首演至今已演出超过330场。演绎新空间盈利性
好且符合消费者对于演出的新期望，将来会有更多书店、咖啡馆、
花园等文创空间打造成为演绎新空间，2021年内演绎新空间预计将
超过百家。

国际赛事。2015年，上海规划打造"国际赛事之都"，之后每
年举办的赛事数量不断增加，举办重大赛事如F1、ATP 1000大师赛
（职业男子网球巡回赛）、钻石联赛等。赛事的引进和培育发展过程，
对城市溢出效应非常大。上海体育赛事的组织运营水平已位居全国
前列，不仅赛事阵容逐步扩大、国际化水平不断提高，赛事本身的
专业化、科学性，以及上海的营商环境也在不断优化，一流的赛事
体验为"上海服务"品牌增添了厚重的内涵。

据《2019年上海市体育赛事影响力评估报告》，2019年上海共
举办163项国际国内体育赛事，现场受众高达209万人次，其中包
括参赛17万人次和现场观赛192万人次。在媒体传播方面，2019
年上海的体育赛事共产生35万篇次媒体报道，包括传统媒体报道8
万篇次、社交媒体报道27万篇次，12项具有代表性的重大体育赛
事媒体报道数量达8万篇次，占总报道篇次的23.4%。其中，F1中
国大奖赛和上海ATP 1000大师赛的相关报道受到了全球受众的热
切关注，在国外主流社交媒体的浏览量分别达8700万和5080万。

2019 年，ATP 1000 大师赛转播覆盖全球 175 个国家和地区，社交媒体受众规模增长迅速，赛事全球播放时长 6411 小时，其中在欧洲地区的播放时长高达 4174 小时，占比超过 65%。

4.6.3　增强城市吸纳力

世界 500 强总部。截至 2020 年，上海累计认定跨国公司地区总部 767 家，其中财富 500 强企业落户地区总部 112 家，累计认定大中华、亚太及以上区域总部 136 家，外资研发中心 477 家，由世界 500 强企业设立的研发中心约占 1/3，已成中国内地跨国公司地区总部机构最集中的城市。上海总部经济国际化水平高，引资能力强，是构建"高精尖"经济结构的重要推动力。

国际组织总部。2020 年 12 月 17 日，全球首个总部落户上海的国际组织——新开发银行总部大楼竣工仪式在世博园区国展路 1600 号召开。为积极履行作为总部城市的责任与义务，上海市政府出资建造新开发银行总部大楼，并专门成立建设指挥部负责推进总部大楼建设。新开发银行是由"金砖五国"发起、创立的政府间国际金融组织，宗旨是为金砖国家、其他新兴经济体和发展中国家基础设施建设和可持续发展项目提供融资，支持多边及区域性金融机构促进全球经济增长和发展的努力。

上海也持续打造以前滩为代表的经济组织集聚区，吸引培育与地区功能优势和产业特色相关的国际商会、行业协会、同业工会等高能级国际经济组织，为推动各区实现制度型开放，为中国建立更高水平的、与国际通行规则相衔接的制度体系作出贡献。

外来留学生。根据《上海统计年鉴（2020）》的数据，2019 年上海外国留学生人数为 34792 人，比 2018 年的 34005 人上涨 2.3%。

从 2005 年的 13691 人，2010 年的 17340 人，2018 年的 34005 人，到 2019 年的 34792 人，留学生人数稳步上升。虽然 2020 年增速放缓，但仍有巨大的上升潜力。这说明上海的教育资源和工作前景逐渐受到国际社会的广泛认可。来沪留学生教育的发展虽然与多方面因素密切相关，但是高等教育的世界知名度和影响力是最重要的拉力因素。对研究生层次的来沪留学生而言，上海世界知名大学和一流学科的数量和质量必然有最大的吸引力。

各国常年驻沪人士数量。目前在沪工作的外国人达 21.5 万，占全国总数的 23.7%，居全国第一。截至 2021 年 2 月底，上海共核发《外国人工作许可证》27 万余份，其中外国高端人才（A 类）近 5 万份，占比约 18%，上海引进的外国人才的数量居全国第一。友好宜居的环境以及逐渐放开的引进人才政策吸引着越来越多的外国人来沪居住，其中日本、韩国因为地理位置近以及文化相近，所以来沪人数较多。未来上海会继续引进外国人才，使上海各项产业和国际接轨。

国际旅游入境人数。2019 年上海国际旅游入境人数为 897.23 万人次，其中外籍旅客 692.12 人次，港澳同胞 76.89 万人次，台湾同胞 128.22 万人次。外籍旅客中，日本旅客最多，达到 112.45 万人次，占 16.25%，其次是美国，为 93.31 万人次，占 13.48%。纵览 2000—2019 年的数据，上海国际旅游入境人数从 2000 年的 181.40 万人次飞升至 2010 年的 851.12 万人次，并在随后十年保持这一规模。国际旅游收入连年增长，2010 年为 64.05 亿美元，2018 年为 73.71 亿美元，2019 年达到 83.76 亿美元，同比增加 13.63%。在平均逗留天数基本不变的前提下，虽然人数增幅仅有 0.39%，但旅游收入年增幅却高达 13.63%。国际旅游收入增幅远远领先于人数增幅意味着日均开销大幅增加，也说明上海的国际旅游更追求质量，走多元化品质化的国际高端发展路线。上海已逐步建成有人文、艺术氛围的全球经济贸易中心，成为高端商务和休闲旅游的热门地点。

第 5 章 国际大都市特定领域
提升软实力的经验

从国际大都市软实力比较看，目前发达国家城市仍居领先位置，表现在伦敦、纽约两个城市位居前列，其他包括巴黎、东京和新加坡尽管总得分不高，但是在特定领域仍然具有领先水平。梳理国际大都市在特定领域的成功经验，把握其在新一轮城市规划中的思路和策略，对于中国城市包括上海提升城市软实力具有参考价值。

5.1 伦敦：文化建设与国际影响

在过去的几十年内，作为昔日"日不落帝国"的首都和最大城市，伦敦的国际地位正随着英国综合国力的衰落而面临一系列挑战。但是，英国以及伦敦市政府当局也提出了推动伦敦城市再繁荣的诸多政策，并在许多维度取得了良好的实施成效。本课题的国际城市软实力评估结果中，伦敦在文化建设和国际影响力方面分别以 15.58 分和 13.80 分名列第一和第三；同样，日本森纪念财团于 2021 年发布的"全球城市实力指数"（GPCI指数）榜单显示，伦敦自2012年起连续十年位列全球第一，并在"文化·交流"维度获得378.5分，大幅领先于其他城市（排名第二的巴黎得分仅为252.3分）；根据科尔尼发布的《2021全球城市指数报告》（The 2021 Global Cities Report），伦敦全球城市综合排名第二（仅次于纽约），且在全球城市潜力排名中连续三年排名世界第一，表现出巨大的国际影响力和增长潜力。伦敦在文化战略引领与塑造综合优势提升国际影响力方面积累了一些典型的经验做法。

5.1.1 文化战略引领高质量发展

自2004年开始，连续三任伦敦市市长均在其任期内出台了《市长文化战略》（Mayor's Culture Strategy），对伦敦城市文化发展的理念及战略展开了详尽的阐述与安排，是伦敦推进文化建设的战略性指导文件。

其中，2004年发布了《伦敦文化首都：实现一个世界级城市的潜能》（London Culture Capital: Realising the Potential of a World-class City），包括4个关键目标：卓越、创新、参与和价值，提出伦敦在10年内要发展为具有文化杰出性及创造性的中心，并极具前瞻性地将创意产业确定为伦敦的核心产业，这对伦敦的战略转型尤其是创意产业的发展起到了重要的推动作用。

2010年，伦敦发布《文化大都会》（Cultural Metropolis）报告，针对2008年金融危机的影响，重点阐述了在经济不景气的背景下坚持文化投入的理由、文化在伦敦发展中的重要地位、当前亟待解决的现实问题。在经济不稳定、政治氛围迅速改变的背景下，该报告强调对文化的支持与投入，提出了6个主题27个对应的政策行动，再一次凸显了文化对伦敦经济发展的重要意义。

2018 年，新任伦敦市长萨迪克·汗（Sadiq Khan）正式签署了第三版《市长文化战略》，在英国"脱欧"的大背景下，选定"面向全民的文化"（Culture for All Londoners）作为报告的主题，全面解读了伦敦文化发展可能面临的挑战，提出了 4 个核心愿景，19 项政策举措和 85 个行动计划（表 5-1），对 2018 年至 2022 年伦敦的文化产业发展进行了全方位的部署和指引。

表 5-1　2018 年伦敦《市长文化战略》提出的政策举措

核心愿景	政　策　举　措
热爱伦敦	市长将通过投资当地文化来帮助建设和加强社区（包含 5 项具体内容）
	市长将通过重大的文化活动、节日和活动帮助伦敦人团结起来（包含 5 项具体内容）
	市长将支持博物馆"家族"（包含 4 项具体内容）
	市长将宣传艺术和文化对伦敦人健康和福祉的好处（包含 3 项具体内容）
文化与物质增长	市长将把文化融入重大基础设施项目（包含 8 项具体内容）
	市长将倡导高质量的设计、建筑和公共艺术（包含 8 项具体内容）
	市长将与业界、文化和可持续发展方面的领袖和专家合作，支持打造更绿色、更清洁的伦敦环境（包含 5 项具体内容）
创意伦敦人	市长将支持学校内外的文化，以培养年轻人才（包含 4 项具体内容）
	市长将帮助更多的伦敦人在创意产业就业（包含 8 项具体内容）
	市长将帮助增加创造性劳动力的多样性（包含 6 项具体内容）
世界城市	市长将与艺术家和文化组织合作，推动伦敦成为一个开放和欢迎外来人士的城市（包含 1 项具体内容）
	市长将为文化和创意产业争取最好的脱欧协议（包含 3 项具体内容）
	市长将通过一系列活动和资金支持创意生产和出口（包含 3 项具体内容）
	通过他的伦敦宣传机构作为合作伙伴，市长将向游客宣传伦敦的文化财富（包含 2 项具体内容）
	市长将通过领导倡议和指导支持夜间经济（包含 9 项具体内容）
	市长将与世界各地的城市领导人合作，推动文化在城市议程中的地位（包含 2 项具体内容）

资料来源：根据 2018 版《市长文化战略》整理。

纵览三版《市长文化战略》，总体上，伦敦的文化战略涉及的范围逐渐扩大，相关政策逐渐细化，文化产业已经触及伦敦城市发展的方方面面。尽管在不同时代背景下的战略关注重点不同，仍可以将伦敦持续开展文化建设的经验总结为四个方面。

第一，维持与强化伦敦文化的世界级高品质。

2004版《市长文化战略》首先提出卓越性（Excellence）的发展战略，强化伦敦世界级文化都市的地位，确保其文化机构和文化活动具有世界级的高品质，以国际性的大型活动带来正面宣传、团结市民，并形成共同关注与文化氛围等，从而带动伦敦经济发展；提高基础设施扶持水平，从而推动实现伦敦多样化的创意潜能，以"多样性"建构伦敦的关键竞争优势；发展伦敦的城市品牌，提升其世界文化城市及旅游目的地的形象，以"夜间经济"提升其"激动人心的活力城市"的声誉。2010版《市长文化战略》强调要发挥文化要素创造就业岗位的重要作用，需要进行持续的投资与扶持，以保持伦敦的文化艺术及创意产业中心和世界文化之都的地位。2018版《市长文化战略》提出要以开放、欢迎和包容的姿态面对世界，为灵活移民进行游说，鼓励国际人才和投资，并重点发挥文化的吸引力和集聚力，发展创意产业。

第二，推动和增强伦敦文化的公共可参与性。

在2004版《市长文化战略》中，参与性（Access）被列为伦敦文化建设的重大发展目标，以确保全体伦敦人都拥有参与城市文化活动的权力。强调文化应该被看作赋予伦敦各种族、社群更大力量的一种方式，文化能使人们产生理解、欣赏及尊重，增强社群力量并建立起对话；全面认识文化的价值及伦敦公共空间的潜能，通过

"为伦敦人打造空间"项目打造 100 个公共空间。根据 2010 版《市长文化战略》，提出扩展市民与优秀作品的接触机会。城市居民可以参与的文化活动与其生活质量紧密相关，需要加强地区拨款机构与伦敦外围文化部门的联系，提高伦敦文化艺术活动的开放度与参与度。而在 2018 版《市长文化战略》中，热爱伦敦（Love London）也被列为一项重大战略。该报告强调伦敦有世界级的文化服务，但对于部分伦敦人来说，很多文化活动都是遥不可及的。因此应该消除普通市民参与文化活动的障碍，让更多的人在家门口体验和创造文化。让城市的文化更加多样化，提供负担得起的机会，并加强文化、健康和福祉的联系。

第三，注重提升伦敦文化的产业带动效益性。

在 2004 版《市长文化战略》中，效益性（Value）也是伦敦文化发展的重大原则，以确保伦敦文化资源产生最大价值。文化领域应该获得与人口规模、经济发展和空间需求相对称的资源；建立伦敦文化战略小组，并协助市长实现城市文化的整体增长目标。根据 2010 版《市长文化战略》，伦敦文化与创意产业的竞争力取决于其人力资源的创造力、对科技与高端技能的掌握能力。报告提出将刚毕业的年轻人引向被雇主认可的教育及培训中心，增加他们进入该领域的机会。报告也提出，伦敦的各类大学和教育机构应在教学与科研之外扶持创业活动，帮助培养与孵化新一代的创意产业，借助于大伦敦政府的财政拨款，可以为企业提供高质量、便捷的服务。在 2018 版《市长文化战略》中，创意伦敦人（Creative Londoners）被列为一项重大发展战略。报告提出为伦敦年轻的创意人才提供更多的机会，以发展他们的才华和技能。与文化创意企业合作，为多元化人才进入创意产业创造公平的竞争环境。改善和扩大培训机会，特别是对来自不同背景的新伦敦人。

第四，强调伦敦文化要素对城市产业发展的前沿引领性。

在 2004 版《市长文化战略》中，创造性（Creativity）的发展目标强调，应大力弘扬创造性这一造就伦敦辉煌的中心力量。以人才储备吸引国际投资，并建立针对小型企业及人才培养的扶持体系。搭建"终身学习"的教育体系，在不同层次的文化教育项目中实施扶植政策，以确保新的人才能够进入创意产业。2010 版《市长文化战略》提出伦敦文化与创意领域的发展重点是数字化与创新。由于数字化与科技创新越来越呈现为一种新的、联合的处理方式，伦敦也推动成立了许多将技术人才、创意人才、创业者及投资方聚集到一起的合作组织与平台，它们不仅仅是展开社交活动的场所，也是创意部门进行创意、发展合作伙伴关系、保持竞争力优势的关键组织。2018 版《市长文化战略》认为，自动化与人工智能将改变未来劳动力的形态。尽管伦敦的创造性劳动力规模呈指数级增长，但仍面临巨大挑战。报告提出为伦敦年轻的创意人才提供更多的机会，以发展他们的才华和技能。

5.1.2　综合优势塑造国际影响力

根据本课题的国际城市软实力评估结果，伦敦在常住外国人口比例、国际游客数量等体现国际影响力的具体指标方面表现卓越。实际上，城市的国际影响力是硬实力与软实力的综合反映，伦敦在诸多领域塑造的综合优势构筑了扎实的国际影响力基础。如从动态的角度来看，尽管新冠肺炎疫情带来了流动性受阻，但伦敦在宜居性和环境方面的优势仍有所提升，确保了其在"全球城市实力指数"

（GPCI 指数）榜单中综合排名第一的位置。具体来看，伦敦塑造综合优势、提升国际影响力的经验做法可以总结为以下四个方面。

第一，塑造全球综合交通枢纽。

在航空交通方面，伦敦希思罗国际机场是英国最大的国际机场和伦敦主要的联外机场，是美洲旅客到达欧洲的首要中转地，也是世界其他地区旅客进入欧洲的重要门户，被誉为全球最繁忙的机场之一。2019 年，希斯罗机场以 8088.83 万人次成为欧洲最繁忙的机场，同时也是世界第七大繁忙的机场，在其全部旅客构成中，英国国内旅客仅占 10% 左右，国际旅客占到近 90%，表明伦敦已成为全球最重要的国际航空枢纽中心。在航运方面，伦敦港自 17 世纪起随着大英帝国全球贸易网络的拓展已成为全球最繁忙的港口之一。作为世界上最老牌的航运中心城市，虽然其航运规模早已被东亚城市远远超过，但伦敦也一直凭借航运服务业的历史底蕴保持了全球领先的航运中心城市地位。根据《2021 新华—波罗的海国际航运中心发展指数报告》，伦敦位列 2021 年全球航运中心城市综合实力排名第二位，并在航运服务方面位居全球第一，是世界领先的航运金融、航运法律和保险服务的集聚城市。

第二，集聚国际金融服务产业。

直到第二次世界大战前夕，英国都是世界上最大的资本输出国，向其他国家和地区大量输送资本，奠定了伦敦在国际金融服务业中的重要地位基础。随着英国综合实力的相对衰落，伦敦也放松了一系列金融管制措施，如放松伦敦证券交易所的管制措施，允许银行等金融机构以及外国人直接进入证券市场买卖股票。根据第 29 期"全球金融中心指数报告"（GFCI 29），伦敦位列全球十大金融中心首位，是名副其实的国际金融服务中心城市。迄今为止，伦敦仍是全球最大的外汇交易中心，其交易量不仅远超一般城市，还明显超过其他两个顶端型全球城市纽约和东京。伦敦还是全球最大的外国股票交易中心，国际保险市场业务总量全球排名第一。同时，伦敦也是欧洲债券市场中心、国际黄金市场交易中心和国际贷款中心，伦敦银行间同业拆借市场利率更是全球国际资金融通的基准利率。

第三，以多元文化和开放政策集聚国际人才。

在殖民时期，伦敦就成为包括英国海外殖民地在内的海外地区精英人才的重要移民目的地。在后续的发展建设中，伦敦也注重引入全球各地的文化要素，使其成为现代伦敦的一部分，并以此为基础持续集聚全球人才。集聚国际人才是伦敦成功的关键，在伦敦，城市居民几乎来自世界各国，具有多元的种族、宗教和文化，城市中日常使用的语言超过300多种，外国移民新生儿的比例已经增长到57%，巴基斯坦移民后裔萨迪克·汗更是在2016年当选伦敦市市长。大量位于伦敦及周边的顶尖大学资源以及丰富多样的生活方式，也使得伦敦极具移民吸引力。2019年，英国有近50万名国际学生，来自189个国家，占英国大学入学总人数的19%，英国政府提供的毕业生签证也允许国际学生在毕业后至少能留在英国两年，为国际人才在伦敦的长期生活奠定了良好基础。英国"脱欧"后，伦敦也发起了名为"伦敦开放"（London is Open）的系列活动，旨在表明，尽管英国"脱欧"，但伦敦将永远向世界开放，以多样性和包容性确保其持久的国际影响力。

第四，以自然生态和宜居环境打造城市品牌。

在工业化的早期阶段，伦敦也饱受城市环境污染之苦，一度被称为"雾都"。时至今日，伦敦早已摘掉了"雾都"的帽子，蜕变为拥有蓝天白云的"生态之城"，绿色产业也成为伦敦重要的经济增长领域。在自然生态方面，根据 2018 年 5 月伦敦市长办公室发布的大伦敦地区首部综合环境战略报告《伦敦环境战略》(London Environment Strategy)，伦敦三分之一的城市空间已经被专门用于绿化，伦敦也被公认为全球首个国家园林城市。同时，报告提出一系列可持续发展建设的政策和举措，计划在 2050 年将伦敦建设成为建筑节能、交通清洁和能源清洁的零碳城市，建设成为"最绿色的全球城市"(the world's greenest global city)。在宜居环境营造方面，伦敦已经形成了对全球精英和富豪极具吸引力的环境。2018 年，有近 5000 名资产净值超过 3000 万美元的超级富豪生活在伦敦。仅以博物馆为例，包括大英博物馆在内的数不胜数的各类博物馆都位于伦敦，使得其拥有极具国际声望的城市品牌。

5.2　纽约：创新创业生态与国际影响

自 17 世纪荷兰设立贸易站以来，纽约迅速发展成为颇具规模的港口城市，到 1850 年，纽约成为仅次于伦敦和巴黎的世界第三大城市，是美国首屈一指的大都市和商业中心。第二次世界大战后，美国在世界经济体系中的地位达到顶峰，布雷顿森林体系使得美元成为与黄金等同的世界硬通货，这是纽约成为全球金融中心的重要因素；同时，1946 年，联合国总部设于纽约，纽约成为国际政治中心城市；加之移民浪潮带来的多元文化，纽约也成为国际文化和创意中心城市。2008 年爆发的金融危机，使纽约政府正视过度依赖金融产业存在的巨大发展风险，开始重视科技创新和高科技制造业，并且更加重视国际组织总部集聚对提升其国际影响力的积极作用。根据本课题的国际城市软实力评估结果，纽约在创新创业生态和国际影响力方面分别以 12.91 分和 14.14 名列第一。据森纪念财团发布的 2021 年"全球城市实力指数"（GPCI 指数），纽约在"研究·开发"维度获得 216.9 分，排名第一位；2ThinkNow 发布的 2021 年全球最具创新力城市 100 强，纽约排名第三位。纽约聚集的国际组织总部数量也多于布鲁塞尔、巴黎、伦敦、华盛顿、日内瓦等城市。纽约在营造优质的科技创新生态系统和积极推动国际组织及机构落户提升国际影响力方面积累了一些典型的经验做法。

5.2.1 营造优质的科技创新生态系统

自 2008 年金融危机爆发以来，纽约提出要把全面推动创新创业作为新一轮发展的主要动力。为此，2009 年纽约发布《多元化城市：纽约经济多样化项目》，随后又启动"东部硅谷"发展计划，并在 2015 年发布的新十年发展规划《一个新的纽约市：2014—2025》中，再次明确了"全球创新之都"（Global Capital of Innovation）的城市发展定位。为将创新塑造为城市发展的新功能和新动力，纽约把施政的重心聚焦在"培育适合大众创新创业的土壤"，以期在纽约形成社会化的创新创业氛围和热潮，并推行了多项重要的"众创"激励计划和举措，如"应用科学"计划、"众创空间"计划、"融资激励"计划、"设施更新"计划等。这些举措推动了纽约硅巷的成功复兴，并成为中心城区吸引创新企业集聚的典范，重塑了纽约科技生态系统。纽约科技公司联盟官网的数据显示，截止到 2020 年，纽约科技生态系统拥有超过 9000 家初创公司，科技行业创造了 372000 个工作岗位，早期投资绝对数量位居世界第二，仅次于硅谷，同时全市拥有 120 多所大学。

表 5-2　2020 年纽约科技生态系统概况

要　素	概　　　　况
初创公司	超过 9000 家初创公司
	全球第二大最有价值的生态系统，1470 亿美元
	2019 年第一太平戴维斯科技城市指数排名第一
	100 多个孵化器
工作	2020 年全球人才排名第二
	2019 年平均工程师工资排名第一
	2019 年纽约科技行业创造了 372000 个工作岗位
	2018 年到 2019 年，增加了 150000—200000 个科技类工作岗位，是纽约整体就业增长的 4 倍
资金	纽约都会区在 2020 年获得了 162 亿美元的资金
	2020 年的资金可用性和质量方面全球排名第二
	2020 年吸引了 866 笔风险投资交易
	早期投资绝对数量位居世界第二，仅次于硅谷
多样性	89% 的科技公司表示多元化为纽约带来了科技人才
	在吸引和支持女性企业家的能力方面在全球 50 个城市中排名第一
	约 47% 的技术工作者是外国出生的
	至少有 238 家科技教育和培训机构
房地产与基础设施	科技公司办公空间总面积约 2930 万平方英尺，占纽约市办公空间总面积的 8%，2011 年为 2930 万平方英尺和 5%
	有 200 多个联合办公空间，为新创业公司提供成长和繁荣的空间
	2020 年，苹果、亚马逊和脸书增加了 160 万平方英尺的办公空间
	在 2019 年第一太平戴维斯科技城市指数的移动性中排名第三
大学	有 120 多所大学，其中大多数提供计算机科学教育
	2019 年，STEM（科学、技术、工程和数学教育）学生 / 毕业生和生命科学大学的数量在全球排名第一
	拥有超过 500 万 25 岁及以上拥有学士及以上学位的居民
	每年有超过 80000 名具有学士及以上学位的国际或州外纽约居民

资料来源：https：//www.technyc.org/nyc-tech-snapshot.

第一，汇聚更多优质创新经济要素。

在纽约科技创新经济迭代升级发展的进程中，要素集聚是首先推进的重要工作。与传统的经济发展要素不同，创新经济中人才、资本、信息更为重要，纽约市政府围绕三大创新要素分别推进不同的政策和行动。

一是以多种措施吸引人才集聚。纽约市政府先后推进几项重大人才政策，以促进科技人才的集聚。首先，实施"纽约人才引进草案"（NYC Talent Draft），主要是资助纽约的创业企业高管赴全美各大院校（包括硅谷的院校）招募电脑和工程专业的学生，同时定期组织各大院校学生来纽约访问企业。其次，纽约以媒体、医疗和环保为三大核心领域，实施人才培养计划。纽约市市长发起一项名为"科技天才通道"的倡议，结合政府及民间基金为用人单位建立人才梯队，旨在为纽约最为迅速地发展科技产业提供优秀的人力资源。再次，纽约市政府还着手培养本地的高科技人才，如围绕"应用科学计划"（Applied Technology），在罗斯福岛建设了康奈尔科技园区和研究生院，每年培养约2000名科技类的研究生。最后，着力打造新的人才培养模式，尝试让教育和创新培养两者同时进行，创新人才培育计划使整个企业创新计划与校园实现接轨。

二是积极参与科技投资计划。首先，在基础设施方面，政府加大投资以建设适应创新经济发展的城市基础设施，特别是信息基础设施的建设。以康奈尔科技园区为代表，纽约市政府投入1亿美元改造基础设施，以更好地支持这一应用科学项目的建设；在一期工程完成后，纽约市政府与大学将持续合作及投资20亿美元，把罗斯福岛打造成一个培养科技创新人才的活力科技园区。其次，在对科技企业成长的资金支持方面，纽约政府目前设有两个基金，一个是纽约种子期基金（NYC Seed Fund），另外一个是纽约合作基金（Partnership for NYC）。再次，纽约市政府作为积极沟通者，参与高校、科技园区项目与大企业的联系，特别是成立了纽约经济发展局。作为纽约市政府设立的经济发展机构，其在康奈尔科技园区建设和成长进程中，引导包括微软、IBM、谷歌等在内的大公司成为园区创新合作伙伴。

三是构建创新网络联系平台。纽约市政府主要开展了两个方面的重要工作：第一，纽约市政府建立了世界上最大的免费公共WiFi网络，其中将老式的公共电话转换成现代的信息中心与免费WiFi点是创新举措，通过信息基础设施的大力建设和改造，让每个纽约人和纽约的商业主体都能享受价格实惠且高速的网络。在2014年下半年，纽约正式启动网址".nyc"，使得纽约成为美国第一个拥有顶级域名的城市，这为本地商业企业、组织和居民带来新的机会。第二，纽约市政府推出了"数字纽约"平台。该平台由纽约市政府和IBM等著名科技巨头联手，将纽约五个行政区中的公司、创业者、投资人以及媒体等元素集合起来，实现纽约创新创业和投资孵化信息共享，并为初创企业提供孵化器、办公场地和培训信息，让"纽约客"们的交流更加容易。这类平台也包括前述的纽约科技公司联盟（Tech：NYC），作为一个由技术领导者组成的参与网络，联盟旨在调动科技行业的专业知识和资源，与市政府和州政府合作制定确保纽约创新经济蓬勃发展的政策。

第二，营造优质城市创新生态环境。

在纽约创新经济发展的进程中，城市创新生态环境的建设同样令人印象深刻。良好的城市创新生态环境保障了城市创新活动的集聚和发展，主要包括良好的创新创业氛围、便捷的市场临近优势、综合的创新服务环境三个方面。

一是培育良好的创新创业氛围。随着政府对科技创新发展的重视，纽约城市创新氛围日益浓厚。根据媒体报道，在纽约科技和媒体行业，围绕创新和新科技的相关讨论正日益增多，例如近期在纽约召开的一次科技创意讨论会就吸引了 700 名对科技充满热情的年轻人。

为形成浓厚的创新创业氛围，纽约市政府在平台空间方面提供了大力支持。当前，纽约大概有 74 个政府资助的创业孵化中心和 220 个低租金的共享办公地点，这些场所为创业者提供分享、交流与合作的环境，并协助创业者吸引投资，孵化器也大多配有导师，让成功的创业者为正在创业的年轻人提供"传帮带"服务。而孵化园给创业者提供法律和会计等方面的咨询、培训讲座等，并协助创业者吸引投资。

二是利用便捷的市场临近优势。与硅谷相比较，纽约的科技创新发展并非强调技术能力的突破，而是以技术和产业紧密结合、实现产业升级为根本目标，构建科技创新中心。纽约拥有多个支柱产业，包括金融、文化、时尚和地产等，科技创新可以在不同产业里运用，事实上围绕科技创新和纽约支柱产业，相对稳定的科技创新生态发展系统已经形成。

当前，纽约拥有 299 个科技产业组织，涵盖金融、时尚、媒体、出版、广告等各类产业，建立起产业互助系统，形成良性的科技生态环境。以互联网经济为例，纽约良好的金融产业可以提供更好的融资支持，这也是互联网经济在纽约得以快速崛起的重要基础。此外，当前互联网经济和软件产业都以消费者为直接服务对象，媒体更是成为核心媒介，而服务业和媒体产业都是纽约最主要的产业，因此，它们的发展也为新兴科技和创新经济提供了市场对象。以康奈尔科技园区为例，其研究重点放在帮助各大公司解决实际问题上，这种以企业运行实际问题为导向的研究与此前由学术界确定研究重点的传统做法有明显区别，能促使科研成果迅速转化为生产力。

三是提升综合的创新服务环境。对于创业者和投资者的调查显示，纽约科技行业复兴的优势在于拥有科技行业创业公司所需要的雄厚投资资金和诸多与科技关系密切的行业。纽约目前正在逐渐成为美国科技行业新的创业中心。根据统计结果，在科技行业风投交易总数以及投资金额方面，纽约虽仍落后于硅谷，但一直呈现加速增长的态势，而其他地区则保持低速甚至负增长。此外，纽约以互联网经济为代表的创新经济具有良好的市场基础，尤其在消费类、电商、广告、媒体和时装等领域，纽约提供了广泛的市场空间和客户群，尤其是愿意付费的客户。

对于投资者的访谈显示，纽约多元化的创新生态系统、迅速崛起的创业社区、充裕的资金和人才、发达的媒体、时尚和金融环境等，都对创新经济和创业者具有强大的吸引力。此外，尽管存在高商务成本这一明显劣势，但不同于制造业时代的成本决胜，创新时代的决胜关键在于创新要素的汇聚力和沟通力，高创新效率、高汇聚效应、低机会成本、综合创新和创业配套服务等都可以抵消大都市固有的高商务成本劣势，进而形成独特优势。

5.2.2　积极推动国际组织及机构落户

国际大都市往往是各类国际组织总部的所在地，国际组织的

"落户"既是该城市国际影响力的象征，又能进一步提高其国际声誉和国际认可度，增强其国际议程的控制力。纽约并不是拥有国际组织总部及分支机构最多的城市，但它是世界上最大的国际组织——联合国总部的所在地。联合国的六个主要机构中，除国际法院在荷兰海牙外，联合国大会、安全理事会、经济及社会理事会、托管理事会和秘书处均位于纽约，且纽约还有联合国开发计划署、联合国儿童基金会和联合国人口基金等国际组织总部。在1995年联合国成立50周年庆典之际，时任纽约市市长朱莉安尼说："正是因为联合国总部的存在，纽约才当之无愧地被誉为'世界之都'。"联合国总部等国际组织落户纽约，极大地推动了纽约的城市发展，涵盖了吸引资本、城市形象、就业投资、资源流动等多方面。根据纽约市经济发展部门2005年的统计，联合国平均每年对纽约经济的直接贡献达到25亿美元，提供18000个就业岗位。因此，纽约不遗余力地加大政策支持力度，积极推动国际组织及机构的落户和发展。

第一，给予场地租金和财政税收等支持。

纽约在吸引联合国入驻时在谈判方面做出了相当多的努力：联合国成立于1945年10月24日，当年12月10日，美国国会通过决议，邀请联合国到美国设立总部。随后，美国洛克菲勒财团慷慨解囊，花费了870万美元购买土地，无条件送给联合国；纽约市政府也表示赠送联合国一块地皮，年租金1美元，租期99年，并承担总投资3000万美元的周围拆迁改建任务。1947年，美国与联合国签署特权和豁免协定，承认"国际领土"的特殊地位，联合国大厦于1952年建成。联合国总部入驻纽约后，来自世界各国的政治家和外交家们在纽约联合国总部做出过关于世界经济、政治以及国际安全诸多方面的决策，纽约国际政治中心的地位得以确立。同时，纽约在吸引国际组织的入驻方面采取了一些积极的财政和税收措施。据美国霍普金斯大学的调查数据显示，纽约国际组织平均收入来源结构为：服务收费占37%，政府资助占48%，慈善捐助占15%。纽约市政府将国际组织及机构列入政府公共服务系统中，并且将国际组织开展的公益性服务列入政府购买的清单，以市场主体的形式购买国际组织的公益性服务间接支持国际组织的发展。此外，美国《公益事业捐赠法》明确做出法律规定，任何个人、企业、团体、国家向国际组织或机构进行捐赠，捐赠的资金享受相应的税收优惠。

第二，完善相关的配套服务。

吸引国际组织落户很大程度上取决于落户城市能提供的基础设施和落户优惠政策，除了整洁的城市空间、发达的交通设施等物质条件，还应有良好的社会治安和完善的城市服务等非物质条件。纽约市政府为满足国际组织的日常生活和工作，在完善相关的配套服务方面开展了一系列工作。仅在2011年，纽约市政府就投入544亿美元用于城市建设，其中环境保护、教育以及城市服务等很多方面的投资都与国际组织密切相关。由于国际组织的工作在很大程度上是提供公益性服务，因此纽约市政府不断加大对公共基础设施的投入，并且积极完善城市公共服务体系，尤其在信息平台、医疗卫生、交通运输等方面全力支持国际组织的工作。除了对国际组织本身的资金政策支持外，还针对国际组织及机构的工作人员提供一定的支持措施。纽约市政府出台的法律规定，国际组织雇员家属在纽约享有和纽约市民同等的就业机会，并且将国际组织雇员纳入纽约市社会保障体系，雇员家庭及生活问题的解决极大地提高了国际组织的工作效率。

第三，完善相关法律法规提供法律便利。

依照传统国际法，国际组织本身不具备权力的自主性，其法律结构和法律功能均是被动反映国家间的主权关系。从法律层面上，纽约市政府也进行了全方位的统筹协调，为国际组织工作的有序开展提供法律法规方面的便利。比如考虑到外交关系，纽约市出台的相关法律规定：来自世界各国的外交官在联合国工作或任职期间，受到国际法保护，并享有司法豁免权。此外，纽约市政府为了提高国际组织的透明公开程度，对国际组织中的非政府组织尤其是民间组织，制定了专门的法律。纽约监管部门有权对国际组织的资金流向采取合法监督，防止出现非法资本流通、不良资本扩张，同时确保国际组织的非营利性。根据纽约地方法，任何国际组织、基金会，必须严格按照纽约市的法律规定，及时、完备地上报自身收支及税收情况，报告内容也必须全面真实地反映该组织或基金会的运转情况。此外，纽约市政府针对国际组织的报税单进行了单独的设计，例如对于有收入的项目，其项目合同应附在报税单中，税务局对其中内容严格审核。通过这种措施，政府就能够对国际组织及机构的经济来源及其发展目标有更清晰的认识，并且能够有的放矢地提供工作的便利和有效的监管。

5.3　巴黎：文化建设与国际影响

5.3.1　多元创新推进文化建设

巴黎建都已有1400多年，它不仅是法国的首都，也是西欧的政治、经济和文化中心。与经济的出色表现相比，巴黎在推进全球城市建设中的文化特色，更为显著。巴黎文化软实力积淀雄厚，是世界文化建设的标杆城市之一，与东京、纽约、伦敦等国际城市相比，更是被鲜明地称为艺术之都、时尚之都、文化之都和浪漫之都。

1. 巴黎推进文化建设的主要成就

"文化塑造城市"在巴黎城市更新和发展过程中得到了充分体现。巴黎的这种独特性，与其历史和文化资源禀赋有关。巴黎在空间上形成了以塞纳河为主的文化发展轴线，在两岸分别集聚了大量的博物馆、剧院、歌舞厅、公共图书馆等文化空间，它们承载着巴黎这座城市的文化建设功能，形成了世界上首屈一指的文化影响力。

根据 2018 年《世界城市文化报告》，与全球其他国际城市相比，巴黎在文化设施建设和文化资源保护与利用方面遥遥领先（表 5-3）。在文化机构与文化产业发展方面，巴黎公共专业艺术设计学院学生数达 13655 人，是东京的 10 倍之多；创意产业就业比重为 9%，高于纽约 3.62 个百分点。在文化馆和自然遗产方面，拥有 4 个世界遗产名录遗址，与伦敦持平，高于纽约和东京；拥有博物馆 297 个，是纽约的 2.12 倍、东京的 1.72 倍、伦敦的 1.55 倍。在文化活动场所方面，与纽约、伦敦和东京相比更是可圈可点，拥有 1047 座公共图书馆，是纽约的 5.06 倍、伦敦的 3.22 倍、东京的 2.71 倍。丰富的文化资源滋养了巴黎文化艺术的发展，2018 年巴黎共拥有 836 家剧院，是东京的 3.54 倍、伦敦的 3.10 倍、纽约的 1.31 倍，并拥有 16 家音乐厅，452 个现场音乐场地，共举办 475 次节日和庆祝活动。

表5-3　巴黎主要文化设施及相关文化资源状况

文化机构与产业	公共专业艺术设计学院学生数（人）	创意产业就业比重（%）		
	13655	9		
文化馆和自然遗产	世界遗产名录遗址（个）	其他历史遗址（个）	历史遗址占公共绿地比重（%）	博物馆（个）
	4	4115	9.5	297
文化活动场所	公共图书馆（个）	艺术画廊（个）	书店（家）	酒吧（个）
	1047	1142	1251	4316
艺术活动及场所	剧院（家）	音乐厅（家）	现场音乐场地（个）	节日和庆祝活动（次）
	836	16	452	475
影院与游戏设备	电影院（个）	影院屏（块）	电影节门票销量（张）	年均电影票销售总值（百万美元）
	312	1107	138450	467

资料来源：BOP Consulting，"World City Culture Report 2018"，2018.

2. 巴黎推进文化建设的重要经验

独特的历史和文化资源禀赋，加上巴黎后续在推进历史和文化资源保护与利用方面的诸多努力，使文化因素成为塑造巴黎城市空间和驱动城市更新过程中的重要力量。巴黎推进文化建设，构建城市文化软实力的重要经验包括：

第一，挖掘利用城市历史文化遗产，形成鲜明的文化特色。

巴黎著名的历史文化遗产使得这座城市拥有了独特的文化内涵和城市名片。尽管巴黎这座城市数次经历战争、疾病，在城市发展中推行工业革命、旧城改造，但对文化遗产的保护与开发，贯穿城市发展始终。对城市历史文化遗产的保留保护集中体现为对卢浮宫、巴黎圣母院等历史遗迹的保护性修缮。对城市文化脉络的传承与发展集中体现为法国历任总统都进行了大型公共文化设施工程的建设，如蓬皮杜修建现代艺术中心、密特朗修建巴士底歌剧院和国家图书馆、希拉克修建原始艺术博物馆等。这些有文脉传承、有历史延续的文化遗产配合现代文化空间，最终形成了巴黎鲜明的文化特色和独特的城市气质。

第二，合理规划城市文化空间布局，契合城市发展主轴线。

尽管博物馆、图书馆、影剧院等各种文化空间遍布城市角落，但巴黎整体呈现出由中心集聚向外围扩散的趋势，且形成了以塞纳河为主轴线的两岸集聚区，与城市整体发展脉络的延伸一脉相承。追溯巴黎城市发展轨迹，从城市选址，到中世纪的发展，再到近期的工业革命、城市更新，巴黎城市发展以传统中轴线为基础并不断延伸，甚至未来城市规划也提出了对中轴线的继续扩展。与此

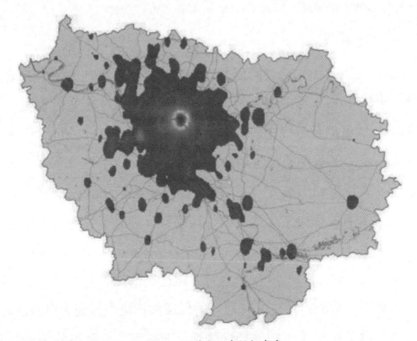

图 5-1　巴黎文化空间核密度

资料来源：魏伟、刘畅、张帅权等（2020）。

同时，巴黎对具有类似功能的文化空间进行规划集聚，形成功能互补的城市文化发展格局，这些文化功能区以历史文化空间为主要承载区，辅之以教育空间、创意空间、生态空间和商业空间，因此形成以了各层次文化空间载体与城市整体发展框架耦合的发展生态。

第三，在公共空间中注入文化要素，实现历史与现代交融。

巴黎市政府一面修缮保护历史文化遗产增强文化底蕴，一面在新的城市公共空间中注入多元文化要素，实现历史与现代文化的交融。通过将废弃车站、工业遗存、老旧城区等进行综合改造，形成公共空间并向公众开放，同时通过资助艺术家创作、成立众创空间、培育创意企业等措施，支持多元文化发展，增强文化氛围。由此，巴黎城市沿河流轴线发展形成的大大小小的文化空间，形成了各层次城市文化空间嵌套互补的局面，包括历史文化遗产、各类文化服务设施、文化产业空间、公共文化活动场所甚至街道路边等。这些多层次的公共空间很好地链接了历史遗存与现代文化，体现着巴黎"文化多元"的发展理念。

第四，适度提升城市文化设施密度，强调文化资源覆盖面。

巴黎在推进文化建设的过程中，注重提升城市文化设施密度，保证义化设施和文化服务的覆盖率与可达性。根据 2015 年的数据，小巴黎地区文化设施总量和密度均已达到较高的水平，博物馆、歌剧院、画廊等文化展演设施的服务半径缩减为 300 米。至 2018 年，巴黎共拥有 1047 个公共图书馆、1142 个艺术画廊、836 家剧院、312 个电影院、297 处博物馆、190 个电影节，除了可以实现多种艺术形式的碰撞交流，体现"艺术之都"的发展特征，还能保证市民获取文化资源的低门槛，践行了巴黎"文化民主"的发展理念。

3. 巴黎推进文化建设的最新规划

2019年5月公布的《巴黎市文化政策》(La politique culturelle de la Ville de Paris)提出巴黎市文化规划的主题为"遗产、创造和教育"。综合文件精神及近期巴黎的实践，巴黎推进文化建设的最新规划特点包括：

第一，汇聚多元力量，共推文化建设。

2014年以来，巴黎市长办公室对城市文化发展进行了持续性的规划和引导。在推出的一系列文化发展规划中，建筑环境规划为主要内容之一，支持从嘻哈文化到交响乐团等一系列主要艺术形式的发展。在投入大量财政资金的同时，巴黎也通过公私合作来拓宽文化资金渠道，为城市文化建设提供支持。不仅如此，巴黎私募基金机构也在文化场馆和文化产业发展过程中扮演了重要角色，如路易威登基金机构与巴黎市政府签署长达55年的入驻协议，计划在巴黎布洛涅森林的市政土地上建设新的博物馆。

第二，文化驱动更新，培育城市活力。

将城市文化发展融入城市整体发展中，不仅是巴黎推进文化建设的重要经验，也是促进文化发展、激发城市活力的重要举措。巴黎将文化因素视为城市更新的重要驱动因素，围绕历史文化遗产空间，结合城市发展机理，合理衍生教育空间、创意空间、生态空间和商业空间，推动城市文化建设有机融入城市建设和发展的整体规划中。如随着巴黎市中心"中产阶级化"加剧，内城和郊区文化交流存在阻碍。因此"大巴黎项目"将近350亿欧元投向区域交通网络建设，以实现民众在教育、就业和文化体验等方面的机会平等。

此外，在闲置土地的开发和建设中，"大巴黎项目"优先推动工作坊、艺术空间等文化空间的使用，发挥文化要素对城市建设和发展的引导作用。

第三，鼓励大众文化，降低文化门槛。

巴黎市政府鼓励和支持公众参与文化建设，"让所有人都能体验文化资源"，以提升全民素质，刺激文化产品的生产和消费。在具体行动上，巴黎市政府始终坚持通过文化产品数字化和门票优惠等政策为年轻人和业余艺术家提供更多的学习和交流机会，特别是鼓励文化资源向来自发展中国家的低收入移民倾斜；通过制定独立书店、唱片店和美术馆等相关扶持政策，支持小型文化企业构建复合型文化业态。同时，利用重大知名活动，如时装周和博览会，为大众提供学习和培训机会，鼓励社区和民众的广泛参与。巴黎市政府除了在周日开放更多的图书馆等常规动作之外，还专门成立了"夜间理事会"，管理和协调城市夜间的各项活动，延长大众活动时间，扩大活动范围，丰富活动形式。

5.3.2　文化会展提升国际影响

国际影响是个综合概念，它是经济、文化、政治、社会、生态等多方面综合作用的结果，包括经济影响力、文化影响力、政治影响力等多个维度。结合本课题研究，本节主要从反映国际影响的"引致效果"角度，比如"引致"常住外国人口、国际游客、世界500强企业总部、国际关注度等，分析巴黎推进国际影响的主要实践及经验。

1. 巴黎推进国际影响的主要成就

巴黎是世界上最重要的国际大都市之一，具有较强的世界影响力，因此吸引了大量的外国人口、国际游客、国际留学生，也吸引了较多的世界 500 强企业总部入驻，并成为举办国际会议的圣地，国际关注度较高。

2018 年，巴黎人口约 1110 万人，常住外国人口比例达 12.9%，高于法国约 9.7% 的平均水平。尽管与纽约和伦敦相比，这一比例仍相对较低，但高出东京 8.9 个百分点，更是显著高于北京、上海等国际大都市。巴黎年均国际游客数量为 1620 万人，低于伦敦 1983 万人，与新加坡基本持平，是东京的 1.36 倍、纽约的 1.28 倍，且显著高于北京和上海。巴黎的国际留学生数量在几大国际城市中最高，为 11.17 万人，是纽约的 1.84 倍、伦敦的 1.06 倍、东京的 1.08 倍。巴黎举办国际会议的数量也首屈一指，2018 年共举办 325 场国际会议，是纽约的 5.91 倍、伦敦的 1.86 倍、东京的 1.15 倍，显著高于北京、上海、广州等城市。

表 5-4　巴黎国际影响的主要成就

常住外国人口与游客	常住外国人口比例（%）	国际游客数量（百万人次）	国际留学生数（万人）
	12.9	16.20	11.17
国际会议、企业与品牌建设	国际会议数量（场 / 年）	世界 500 强企业总部数量（家）	城市品牌国际关注度（万条 / 十年）
	325	27	12.99

资料来源：国际游客和国际留学生数量来自 BOP Consulting，"World City Culture Report 2018"，2018；世界 500 强企业总数数量根据《财富》世界 500 强排行榜整理而得；其余数据来源于网络。

2. 巴黎推进国际影响的重要经验

第一，重视商业会展，吸引外国商客。

巴黎非常重视商业会展带来的外国商客和经济收益，也因此成为名副其实的"世界会议之都"。根据巴黎大区工商业联合会的数据，2016年巴黎大区共举办了413场贸易展，共有100100家企业参展，其中外资企业占30%；吸引了910万访客，其中外国访客占6.2%；创造了42亿欧元的经济收益，促成了202亿欧元的营业额，其中外国客户产生的营业额占45%。按照巴黎旅游会议局2020年的统计，2019年共有1084场展会在巴黎召开，其中国际会议占比高达53%。庞大的商业会展和接待会议既向世界展示出巴黎品种繁多的商业类别和活跃的商务氛围，同时又促进了国际商旅目的地的发展，进一步向世界传播巴黎的综合魅力。

第二，挖掘文化资源，筑牢文旅天堂。

巴黎独一无二的文化资源与购物中心，是吸引外国游客的重要原因。截至2018年，巴黎拥有4个联合国教科文组织认定的世界遗产，拥有4000余座古迹、近300家博物馆、47个外国文化机构、271座特色村庄，还有大名鼎鼎的红磨坊、疯马秀和丽都歌舞秀3大夜总会，这些都增添了巴黎作为国际大都会的吸引力。从最受欢迎的20个景点及访客量来看，巴黎的外国游客数量占比高达41%。同时，巴黎的购物中心也是外国游客驻足的重要原因，据统计在巴黎大区有约220座购物中心，年均接待游客6000万人次。

第三，发挥劳动力成本优势，吸引行业入驻。

巴黎营造了明显的劳动生产力优势，同时行业生产成本和劳动生活成本相对偏低，加之高品质的营商环境，受到许多行业乃至跨国公司总部的青睐。巴黎大区的劳均生产力位列欧洲第二，约13万欧元，与排名第一的大伦敦相差1万欧元。从生活成本看，在月租水平相当的情况下，巴黎的电暖、交通、医疗、休闲等平均自费水平仅为伦敦的 1/3。得益于高劳动生产力、低生产成本和低生活成本，加之巴黎政府在市场环境、政府服务等方面构筑的高品质营商环境，巴黎成为各类行业乃至全球 500 强企业总部的首选地之一。

3. 巴黎推进国际影响的最新规划

根据巴黎大区 2030 战略规划，巴黎提出两大总体目标，一是提升居民日常生活质量，二是加强巴黎大都市区功能。在两大总体目标下，为提升国际影响，吸引更多常住外国人口、国际游客、跨国公司总部，提升城市品牌国际关注度，巴黎作出如下战略安排：

第一，增强生态绿色体验，吸引国际人口来访。

巴黎以构建宜居城市吸引外国常住人口，并给予外国访客更好的生态绿色体验。包括合理安排巴黎空间布局，调整城市空间肌理，构筑便捷畅通的交通网络，并加强大巴黎与周边城市和区域的衔接。在妥善安排巴黎原有空间布局的基础上，巴黎大区 2030 规划提出构建"全球最绿色和设计最大胆的城市"，将城市改造的重点放在环境优化上，包括改善城市空气质量和水环境、兴建慢行绿化带、维护自然环境与历史文化的和谐共生等。正如法国建筑师让·努韦尔所说的，"巴黎在世界的声望与它的美丽紧密相连"，巴黎正以此吸引全世界的游客、企业家和研究者。

第二，加强文化国际影响力，发挥城市品牌效应。

历史和文化是巴黎闪耀国际舞台的重要名片，根据巴黎大区 2030 规划，巴黎将持续加强城市文化的传播和影响，发挥城市品牌的国际效应。巴黎高度重视在时尚、文化与旅游等领域的软实力，并将这些领域打造为推动消费升级的"爆点"与"增长点"。在文化领域，巴黎继续将文化遗存和文化设施作为吸引国际游客来访的重要宣传点，并拓展以艺术、文化、历史为轴的商业集群。同时还以艺术节、文化展、贸易展会及打折季等积极吸引国际访客，为传统的消费活动增添更多的人文色彩。

第三，助推科学技术研究，深耕初创企业峰会。

巴黎高度重视科学研究与实验发展，同时高度重视对国际科研和技术峰会的招揽，推进行业市场与科学研究的交流互动。近期，在"世界会议之都"的声誉基础上，巴黎市政府更是在"初创企业"领域深耕细作。如举办巴黎国际创新技术大会、法国国家投资银行创新世代峰会等，并成功将欧洲初创企业家的目光从葡萄牙里斯本等地吸引至巴黎。目前，巴黎凭借过万家初创企业的落户、40 个孵化器以及超 10 万平方米的初创企业和孵化器用地，成为欧盟评定的欧洲初创企业第一城市和"欧洲创新之都"。

5.4　东京：市民素养与文化建设

5.4.1　主流价值引导提高市民素养

东京乃至日本的市民素养在国际上享有较高的声誉，拥有"干练、优雅、合作"的城市印象，且街道整洁干净、社会整齐有序、市民文明礼貌。正因如此，日本护照可以免签 190 个国家和地区，位居世界第一。

1. 东京提升市民素养的主要成就

从几个主要统计指标来看，东京市民文明形象主观得分为 62

分，在几大重要国际城市中居首位，高于纽约 13 分、伦敦 9 分、巴黎 16 分、北京 12 分、上海 9 分。注册志愿者占城镇人口比重为 36%，仅次于新加坡（39%），高于纽约 2 个百分点、伦敦 3 个百分点、巴黎 8 个百分点，且显著高于国内的北京、上海等城市。青少年科学素养得分也相对较高，分别是纽约和伦敦的 1.05 倍、巴黎的 1.07 倍。

表 5-5　东京市民素养主要统计指标

主流价值观及教育水平	市民对主流价值观的认可（%）	人均受教育年限（年）	青少年科学素养（分）
	36	12.9	529
志愿者与文明形象	注册志愿者占城镇人口比重（%）	市民文明形象（分）	
	36	62	

资料来源：各国政府统计部门数据；经合组织 PISA 测评；课题组调查数据；2022 年度"爱德曼信任度晴雨表"报告。

2. 东京提升市民素养的重要经验

第一，加强政府宣传，引导主流价值。

东京乃至日本主要通过以下途径构筑和引导主流价值，形成培养市民素养的基石。一是立足传统文化、吸收现代文明。二战后，日本在尊重和继承儒家传统文化中"忠""孝""礼"等思想的基础上，充分借鉴吸收现代文明，形成了重义、重秩序、知礼、爱国以及追求自由、民主的社会核心价值观。二是运用教育、媒体等手段宣传和引导主流价值。无论是学校教育、家庭教育，还是社会教育，都将传统道德、遵规重道、爱国爱家以及培养国民的社会正义感作为其中的重点。东京还重视通过媒体宣传对民众进行包括道德文化在内的教育。如东京在较低年龄段的群体中，宣传从小养成每日读书的良好生活习惯的益处，使孩子们了解读书对自身的礼仪教化和知识层面的扩展益处颇丰。

第二，重视国民教育，培养国民精神。

东京重视国民教育主要体现在两个方面，一是增加国民教育的财政投入。东京政府部门直接对义务教育的落实情况负责，在制度和经费投入上施行多重保障。二是增加公共教育事业的普惠性。如提高东京公立中小学教师的福利，使其与国家公务员待遇持平，且为了避免区域师资力量和教学水平差异过大，东京还规定不同地区学校之间进行定期轮转流动，实现公共教育供给的空间均衡。在教育内容上，东京学校教育也很重视让儿童和青少年亲近自然，培养自主精神和动手能力，很多幼儿园和中小学会结合地理条件，因地制宜保留当地的自然特色。同时，社会风气和传统价值观也促使东京注重自立精神和团结友善精神的培养。

第三，施行法律约束，杜绝不良行为。

东京乃至日本受到世界赞誉的市民素养，与日本施行颇为严苛的法律法规息息相关。如根据《日本废物处罚法》，非法投掷垃圾，情节严重的将处 1000 万日元以下的罚款，甚至 5 年以下有期徒刑。且东京乃至日本的法律所涉及的社会领域非常细微和全面，如不排队、随地吐痰、打架等都会因违反法律规定受到惩处，私自扣留零钱则会获处欺诈罪。因此，东京乃至日本所施行的广泛而严厉的法条，对民众行为产生了强有力的约束（表 5-6）。

表 5-6 东京乃至日本现行与市民素养相关的法律法规

行　为	触犯法律或获罪类别	惩处规定
插　队	日本国轻犯罪法	100 万日元以下罚款＋拘留 24 小时
出租车内呕吐	日本民法	处罚款并赔偿出租车的清扫费用
决　斗	日本公共安全法—决斗罪	6 个月以上 2 年以下有期徒刑
公共场所吐痰	日本国轻犯罪法	1000 日元以上，10000 日元以下罚款，并计入个人犯罪前科
私自去南极	南极环境保护法	50 万日元以下的罚款
乱投垃圾	日本国废弃物处理法	5 年以下监禁外加 1000 万日元以下罚款
昧下多找的零钱	日本民法—欺诈罪	处罚金甚至监禁
爬电线杆	日本民法—资格外活动违反罪	处罚款，情节严重的处赔偿停电造成的经济损失及 1 年以下监禁
酒　驾	日本国道路交通法	吊销驾照，并处以 10 年以下有期徒刑，外加 100 万日元以下罚款，且 3 年以上 10 年以内无法再取得驾照
劝　酒	防止醉酒扰乱治安法	48 小时以下监禁，1 万日元以内罚款

资料来源：课题组整理。

3. 东京提升市民素养的最新规划

结合《东京 2040》和《东京未来 10 年》等发展规划和计划文件以及全社会发展的最新实践，东京近期提升市民素养的规划特点包括：

第一，从文化视角培养儿童和青少年。

为应对日益激烈的国际竞争以及日本老龄化少子化现象，实现东京城市可持续发展，《东京未来 10 年》发展规划从文化的角度关注儿童和青少年的教育。提出提高年轻人对日本传统文化的理解和交际能力，培养在国际社会中具备日本人意识的人才，并强调加强体验型学习的重要性。同时在《东京未来 10 年》中特别提出营造鼓励创新和包容的社会环境，鼓励个人追求更高目标，包括加强儿童教育，让他们有能力肩负未来；支持有理想有追求的年轻人，为他们提供各种机会。

第二，全社会共同参与国民素养计划。

根据《东京未来10年》发展规划，要求不仅需要通过学校教育，还需要学校、地区、社会等各界联合，为儿童和青少年的成长贡献力量。如2016年成立的TGMP（Tokyo Good Manners Project）旨在改善东京市民素养，推出"美好东京"这一理念，还将举办各种长期活动，以新的方式来改善东京居民和游客的素养。2018年东京都著名出版社讲谈社与49家公司合作进行全国范围内5500本绘本的轮换工作。这些绘本内容新颖，独具创新特色，是被精心挑选出来的最适合培养儿童的文化认知、兴趣导向和创新思维的读物，每年轮换两次，将在很大程度上引导社会大众对儿童成长方面的重视和国民高素质的长远发展考虑。

5.4.2 创意东京助推文化都市建设

1. 东京推进文化建设的主要成就

东京起源于江户市，在17—18世纪业已成为日本的商业、艺术和文化中心。尽管与其他国际城市相比，东京的文化建设并不十分突出，但独特优势却十分明显。东京是传统艺术与现代文化的结合体，一方面以其历史悠久的神社、寺庙及表演艺术等传统文化闻名遐迩，另一方面则因时尚、音乐、艺术、动画和数字技术而成为日本及亚洲创作者的文化中心。

根据2018年《世界城市文化报告》，与全球其他国际城市相比，东京发达的创意产业和充足的文化人才是其文化建设的主要优势（表5-7）。东京创意产业就业比重达13%，高于巴黎4个百分点、纽约 8 个百分点、伦敦 1 个百分点。相对于传统文化资源和艺术品收藏，东京以书店、酒吧为代表的现代文化活动空间的数量遥遥领先，其中书店数量为 1646 家，是纽约的 2.02 倍、巴黎的 1.32 倍，酒吧数量为 29358 个，为伦敦的 8.12 倍、巴黎的 6.80 倍、纽约的 13.89 倍。

表 5-7　东京主要文化设施及相关文化资源状况

文化机构与产业	公共专业艺术设计学院学生数（人）	创意产业就业比重（%）		
	1341	13		
文化馆和自然遗产	世界遗产名录遗址（个）	其他历史遗址（个）	历史遗址占公共绿地比重（%）	博物馆（个）
	2	872	7.5	173
文化活动场所	公共图书馆（个）	艺术画廊（个）	书店（家）	酒吧（个）
	387	618	1646	29358
艺术活动及场所	剧院（家）	音乐厅（家）	现场音乐场地（个）	节日和庆祝活动（次）
	236	13	649	141
	电影节（场年）	舞蹈表演（场）	剧场演出（场）	电子游戏拱廊（个）
	60	2445	28970	11

资料来源：BOP Consulting，"World City Culture Report 2018"，2018.

2. 东京推进文化建设的重要经验

第一，减少行政干预，鼓励艺术创作。

与日本推行的"内容不干涉原则"相关，东京市政府在进行文化管理时，鼓励和推动市民自发开展文化活动，对文化艺术进行间接资助而对其具体内容不加干涉。同时，为了在"不干涉"文化艺术内容的前提下谋求文化艺术振兴，东京市政府对文化市场推行引导措施，如设置产业劳动局和生活文化局分别负责制定产业政策和文化宣传推广；对重点文艺项目进行资金支持、设置奖项并引进相关领域专家和学者组成第三方专业评审机构等。东京这种文化管理模式，有效增强了文化的公共特征，如2002年起大力发展的"天堂艺术家事业"为东京建设"城市中的剧场"提供了良好的环境。

第二，扶持传统艺术，打造东方特色。

东京在推进文化建设的过程中，十分注重对历史文化遗产和资源的保护和复兴传承。包括根据文化遗产的种类和特性开展修复工作、加强历史遗产综合防灾体系建设、培养和扶持非物质文化遗产传承人、举办传统节庆活动等。因此，东京保留了日本很多传统的文化形式，如古代神社和庙宇、能剧、歌舞伎及落语表演，并为这些传统艺术安排或修建了专门的演出平台，如歌舞伎座、国家能剧剧院、两国国技馆等。同时，得益于对非物质文化遗产传承人的保护，东京也拥有较多数量的传统手工艺人，与其他国际城市相比具有显著的独特性。

第三，升级文化设施，增设艺术空间。

为了支持文化事业的发展，东京市政府热衷于升级现有的文化设施，同时开发新设施，以增加文化艺术的普及型和可达性。比如，对美术馆、博物馆、剧场、音乐厅等进行改造赋能，并设计专业的企划方案，吸引市民和国际游客；为新艺术和艺术家建立艺术中心；对老旧街道进行改造升级，成为"迷你文化设施"，并赋予其展览展示等公共艺术空间的功能等。正因如此，东京文化设施密度达到较高水平，其中东京23区图书馆设施密度高达1.7平方公里/馆（服务半径约700米），美术馆和博物馆设施密度为3.3平方公里/馆（服务半径约1公里）。

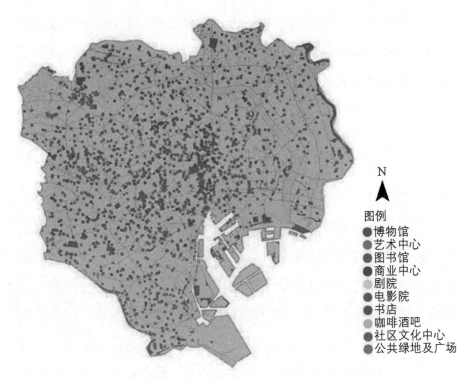

图 5-2　东京 23 区基础型文化设施分布图

资料来源：魏伟，刘畅，张帅权等（2020）。

第四，培育创意产业，塑造文化优势。

创意产业是东京文化建设的重要内容和增长点，因此在扶持传统文化的同时，东京对创意产业的培育也引人注目。相关措施主要包括：增强与全球技术和网络的链接，如促进创意人才的国际化流动，或将国际元素本土化；通过举办节日庆典、开展创意产品展销、推广行为艺术、增进创意体验、促进技能交流等，营造创意文化氛围；结合东京创意产业发展，提供与创意产品相关的知识和技能培训，特别集中在设计、编码、创造技能方面；研究设计新产品或新工艺，或对传统产品和工艺进行改造，以适应不断发展的市场需求等。

3. 东京推进文化建设的最新战略

2019 年《东京文化愿景》明确提出，"以文化开拓东京未来，建设世界上独一无二的文化都市"。为实现这一目标，东京提出了相应的文化发展战略。综合文件精神和最新实践，东京推进文化建设的最新规划特点包括：

第一，构建全社会参与体制，共推文化都市建设。

根据 2019 年《东京文化愿景》，东京市政府将动员基层政府及部门、企业、非营利组织、相关公众团体和文化机构（包括新闻媒体、教育机构、艺术文化团体、文化设施机构、奥运会和残奥会组委会等），建立"全日本参与体制"，利用全社会力量共同推进东京"文化都市"建设。具体包括：推广儿童、青少年和残疾人等均能享受艺术和文化的制度；打造儿童、老人、残疾人、外国人等均可以体验的文化设施；保护并推广市民文化活动的自主性。

第二，促进传统与现代融合，实现独特性与多样性并存。

根据东京文化发展战略，市政府将进一步推进现代与传统的融合并存，进一步挖掘传统在现代社会中的价值与潜力，并以对传统文化的保护与传承塑造东京文化的独特性。同时将数字艺术等先进技术与日本传统艺术相结合，展现东京文化的多样性。特别地，东京文化发展战略中强调了对创意产业的鼓励和支持，并提出通过尖端技术与艺术文化的融合，创造更多的可能性。

第三，构筑多中心发展框架，形成文化空间网络。

东京城市文化空间受到城市规划与路网延伸的影响较大，呈现典型的"TOD"发展趋势。根据东京文化建设与发展的趋势，东京将推进形成富有"地区特色"的城市空间，其中千代田区将作为文化建设的核心区域，并以江户时代传统文化形式为主。新宿、涩谷和品川区则集聚复合型多功能文化形式，作为文化建设的副中心，共同组建"网络状＋带状"的文化空间。

第四，扩大国际文艺外交，提升东京的文化影响力。

东京以发展自身文化产业、提升文化软实力为导向，继续扩大城市对外文化交流。根据东京 2020 文化发展战略，东京主要通过举办具有国际传播力的节日或文艺项目、强化亚洲文化艺术市场的枢纽功能、与海外主要文化机构和组织建立联系、促进创造性人才的国际交流、构建有利于培育和接纳国内外艺术家和设计师的文化制度和文化场所、营造鼓励变革并高度包容的人文环境等文化外交和文化建设手段，提升东京在世界上的文化影响力。

5.5 新加坡：市民素养、治理效能与人居环境

新加坡国父李光耀的软实力构思，是最早进入哈佛大学研究视野的亚洲案例。在由联合国开发计划署（UNDP）统计的 2020 年世界各国人类发展指数（HDI）排名中，新加坡位居亚洲第二、世界第十一，有力地证明了新加坡近年来在居民预期寿命、教育水平和生活质量三个方面的全方位提升。与此相应，在联合国发布的《世界幸福报告（2021）》中，新加坡居 32 位，远高于日本（第 56 位）和中国（第 84 位）。新加坡从提高居民的文化素质和文明素养、构建以人为本的社会治理体系、营造生态宜居的花园城市等多个方面入手，提升城市软实力，增强发展的内在动力。

5.5.1 多措并举提高市民素养

市民素养是一个国家和城市软实力的重要组成部分，新加坡历

来把提高国民素养放在极其重要的战略地位，教育始终是仅次于国防开支的第二大政府投资领域。面对建国初期民众素质低下、国家意识和社会观念淡漠等问题，新加坡一再强调人力资源的可贵性，将国民素质教育作为立国之本，持续重构和提升市民素养。从20世纪60—70年代构建适应工业化发展的职业技术教育体系、制定健全的法律和发动各种形式的文明运动，到70年代末至80年代推行分流制、双语教育以及持续加强伦理道德教育，再到90年代后加强国际化精英教育和共同价值观的培养，经过持续不懈的努力，新加坡的市民素养不但有了质的飞跃，更是以较高的市民素养闻名全球。总体上，新加坡多措并举持续提升市民素养，包括价值观培育、技能培养和法治教育等多个方面。

第一，重视共同价值观在软实力建设中的基石作用。

培育社会核心价值观，是提高市民素养和社会文明程度的重要抓手。新加坡是一个种族、语言和宗教多元的国度，为确保社会民众和谐共处，促进社会经济发展，保持政治稳定和有效治理，1991年，新加坡政府发布了《共同价值观白皮书》，鲜明提出新加坡公民的价值观应是："国家至上，社会优先；家庭为根，社会为本；关怀扶持，同舟共济；求同存异，协商共识；种族和谐，宗教宽容。"

以"国民共有价值观"为核心的价值理念为新加坡执政党的诸多政治选择和政策措施提供了不甚"合理"却是"合法"的价值认同。新加坡能够在建国初期的诸多逆境中取得成功，得益于人民行动党政府能够在纷繁复杂的国际国内环境中迅速把握本国文化和社会特色，在将其凝聚成国人共同接受的价值理念的同时辅之以一系列政策支持，这种活跃在社会生活方方面面的核心价值体系为新加坡的迅速发展奠定了基础。新加坡善于从自身社会环境中挖掘可以利用的文化资源，并能够真正将其落实到具体的政策体系中形成完整的顶层设计，通过国家全方位多角度的政策支持和包装，使政府倡导的核心价值观念不是浮于公众头顶的道德勋章，而是以更加多样化的表现方式活跃在百姓生活的方方面面。

第二，建立因材施教、开放兼容的教育培训体系。

围绕创新型人才的培养目标，新加坡建立了学术与职业教育并重的教育和培训体系，成为新加坡国民素质领先的重要保障。根据联合国开发计划署（UNDP）发布的《2020 人类发展指数报告》，新加坡人的平均受教育年限达 11.6 年，在亚洲位居前六，在东南亚居首位。正确而有力的教育政策的实施使新加坡人口的文化素质迅速得到提升，也保证了自身高层次人力资本的供给和国际文化软实力的提升。

一是完全开放的大学教育。新加坡支持外国大学在新合作办学或独立办学，采取设立独立校区、合作办学或开办研究中心、开设研究生项目课程等多种方式开展合作，先后引进了 23 所世界级大学。而新加坡国立大学和南洋理工大学分别位居 2022 泰晤士高等教育世界大学排名中的第 21 位和 46 位，有力地证明了新加坡在大学教育领域的国际影响力。二是"教学工厂"模式的职业教育。新加坡在向知识经济转型过程中，职业技术教育更多地转向以提高劳动力素质和竞争力为目标，不再局限于使用技能培训，而更加注重提高劳动者的适应能力和解决不可预期问题的能力。三是职业教育与高等教育的良好成长通道。在新加坡的教育体系中，工艺教育学院、初级学院、理工学院和大学之间具有完整的成长通道，学员不仅能在国内的成长通道学习，还可申请到国外继续学习。新加坡在每一个重要阶段能够成功实现经济转型升级，很大程度上是依靠人才的转型升级，持续改进的教育培训发挥了根本性的作用。

第三，积极提升居民数字素养和受雇能力。

为抢占数字经济的发展先机，新加坡积极投资提升居民的数字素养和受雇能力，以充分发挥数字经济的优势，强化经济强国的地位。2018年6月，新加坡发布了《数字化就绪蓝图》，为提升国民数字素养提出具体举措，如增强数字访问的包容性，为人们的数字获得与数字参与提供便利；明确基本数字技能框架，开设数字技能课程；提升公民信息和媒体素养以辨别网络虚假信息；关注儿童与青年网络健康教育，培养良好的态度与价值观；以及促进企业与社区共同为提升公民数字素养做出努力等。

2020年7月，新加坡政府机构与科技巨头谷歌公司联手推出了"SG技能启动（Skills Ignition SG）"就业培训计划。该计划为新加坡的永久居民提供两种培训方式：一是职业生涯中期专业人员的技能提升计划，二是应届毕业生培训和就业安置计划。对于私营企业来说，这样的计划可以提供直接接触人才的机会；对于个人来说，参加培训后能够获得全职工作机会；对于新加坡而言，与私营企业的合作有助于改善劳动市场技能匹配水平、提高就业率和创新水平，帮助雇主培养拥有数字经济所需技能的更多人才，把握新的发展机遇。

第四，"恩威"并用规范市民行为，提升文明形象。

一个国家和城市的文明形象，往往是通过公民个人的行为规范等具体直观地体现出来的。良好的教育和严格执行的法律法规，让新加坡的犯罪率长期保持在全球最低，保证了稳定安全的社会环境，也为海外资本和人才的流入提供了积极的社会空间。

一是制定健全的法律法规并严格执行。典型的如《公共环境卫生法》，作为新加坡的核心环保法律，融环境污染防治法、公共环境卫生保护为一体，旨在禁止乱扔垃圾、反对在公共场所吸烟和说粗话脏话等，并制定了相应的罚款标准。在城市的大街小巷经常可以见到提醒公众某种行为将受到罚款惩罚的警示牌，如对乱扔垃圾的处罚采用累进罚款，2014 年 2 月国会通过了《公共环境卫生（修正）法案》，罚款金额较之前翻了一番，最高可达 1 万新币。新加坡国家环境局（NEA）是一个在新加坡社会无处不在的部门，常有便衣在人流密集处巡视监督。在处罚方式上，除了罚款，鞭刑是新加坡一种非常有威慑力的刑罚，1966 年新加坡《破坏公物法》生效，在公私物品上涂鸦、喷漆、刻印的罪犯，会被处以至少 3 鞭的判罚。二是发动各种形式的文明活动。早在 1968 年，新加坡就有"保持新加坡清洁运动"，1976 年全国中小学校举行"用手劳动"，1996 年有"清洁公厕运动"，2013 年还有"清洁与绿化新加坡运动"等。新加坡政府后续又陆续出台新加坡绿色计划、国家再循环计划、无垃圾行动等政策。当地媒体除了宣扬先进事迹、抨击不良行为外，还积极组织各种旨在加强思想道德建设的活动，如"国民意识周""敬老周""睦邻周""忠诚周""讲礼貌运动""反对乱丢乱吐运动"等。各所学校第二学期的最后一天被定为"新加坡行善日"，以鼓励更多学生行善。环境教育成为学校课程，政府鼓励每所学校至少成立一个环保俱乐部，并设法在大学培养环保大使。政府还为志愿者办理执法证，使他们成为在公众场所制止丢垃圾行为的义务稽查员。

5.5.2　公众参与和数字赋能提升治理效能

新加坡自独立以来，始终全力关注民众就业、住房、教育、医疗和养老等民生问题，基本实现了全社会民有其业、居有其屋、学有其教、病有其医、老有其养，做到了政府官员清廉、公共行政高效、社会经济发展和社会政治稳定，社会得到了全面而有效的治理，创造了一系列世界瞩目的社会治理成就。在透明国际（Transparency International）公布的世界各国清廉指数中，新加坡始终保持在世界前五的位置，在世界各国法治指数中，新加坡稳居亚洲第一，世界第十的位置；在世界银行发布的《2020 年营商环境报告》中，新加坡的营商便利性在全球排名第二。总体上，新加坡在社会治理方面的成功经验主要体现在政府主导公众高度参与的互赖式治理、基于家庭制定公共政策、将数字化转型嵌入政府治理体系等方面。

第一，政府主导、公众参与的社会治理格局。

新加坡社会治理取得成功，关键在于政府引导和民众高度参与。新加坡重视发挥各类社会力量在社区治理领域的作用，政府与社会实现了具有自身特点和较高效率的合作与分工。政府从宏观层面出发，自上而下地主导和扶持社区发展；社会组织、志愿者等则从微观层面补位，自下而上地提供公益性社区服务，能够较为成熟地参与社区治理，并实现与公共机构的良性互动，从而塑造了在政府主导下，各类社会组织和个人通力合作的互赖式治理格局。新加坡的互赖式社区治理在巩固政府主导地位的同时，增强社区的发展活力，丰富社区治理主体与治理方式，实现了政府治理、居民自治与社区自我调节的"互赖"共生。

一是人民协会成为促进居民自治的强大网络。人民协会拥有庞大的基层网络，包括超过 1800 个非政府组织、社区俱乐部、5 个社区发展理事会等，根据社会各阶层的不同需求，提供多种服务以及开展多种文娱活动，有效增强了社区民众的联系。例如，2021 年的新加坡财政预算案就提到，政府为 5 个社区发展理事会拨款 1.5 亿新加坡元。二是社区发展理事会成为居民参与社区管理的重要平台。人民协会机构下设的社区发展理事会每年都会邀请利益相关方和居民举行地区会议，探讨如何进一步增进社区间的联系与和谐。这一系列的对话活动，不仅建立和完善了官民之间的沟通渠道，而且通过亲身参与，增进了公民的责任感和社会凝聚力。三是议员成为政府联系居民的重要桥梁。国会议员由社区选举产生，实行议员定期会见选民制度，议员只有经常性深入选民，才能赢得选民的信赖和支持。这样既发挥了政府引导的作用，又充分调动了社区居民参与社会管理的积极性和主动性。

第二，家庭为根，将家庭作为政府治理的基本单位。

在多民族混居的城市国家中，不同的信仰往往会造成公民自我认同的混乱，而新加坡适时加强对"家庭价值观"的强调，使"家庭"作为一种价值追求为社会发展和国家建设提供了强大的精神动力。在国家共同价值观中着重强调"家庭"作为新加坡国家建设的根本，将公民对国家的认同拉回到最具有世俗意义的家庭生活中，进而有效回避了敏感的民族和宗教问题可能给国家和政府带来的认同危机。

基于这一价值观，新加坡政府将"家庭"作为制定公共政策的出发点，政府治理功能运行中更多的是将家庭作为基本单位，而不是公民个人。一方面是政府正面倡导以家庭为根本的共同价值观，另一方面辅之以家庭为轴心的公共政策体系予以支撑，"家庭"在新加坡不仅为不同民族的公民个体提供了最现实的情感寄托，也为公民社会最大限度地适应高速发展的经济市场提供了坚实的稳定剂。

第三，多管齐下，将数字化转型嵌入政府治理体系。

新加坡是全世界最早推行"政府信息化"的国家之一，已连续多年在全球智慧城市排名中位列前茅。根据瑞士洛桑国际管理发展学院发布的《2020年智慧城市指数报告》，新加坡获评全球"最智慧"城市之一。经济学人智库衡量数字化准备程度的"亚洲数字化转型指数"也将新加坡列为亚洲第一。新加坡把推行政府数字化工作、经济数字化转型和培养公民数字化能力作为其建设"智慧国"最为重要的三个方向，利用大数据支撑"智慧国"建设，精细化提供公共服务。

在政府数字化工作方面，新加坡早已建立了一套以数据为支撑的科学治理系统，利用大数据进行城市管理和服务，使城市运转更加智能化、高效化、精准化，增加城市居民的安全感、幸福感、获得感。一是利用大数据进行关联分析。通过收集城市风险事件的各种指标及特征，分析各种属性要素之间的关联，从而总结出风险事件发生的规律和趋势。例如，通过大数据系统查阅历年来城市消防、建筑、治安、经济、城市建设等多部门数据，通过大数据关联分析，筛选出可能的火灾易发场所，然后对这些重点场所进行建筑防火检查与流动人口的集中清理，并加强防火安全教育和灭火设施的配备，做到未雨绸缪，有效地降低了火灾的发生率。二是利用大数据进行情景模拟，并根据相关信息预测未来可能发生的事情，提前做好应对准备。如基于2003年SARS病毒对国家发展造成的影响，新加坡国防部建立了风险评估与扫描系统，进行演练预测疫情。2006年后，新加坡将该系统应用到整个政府体系，用于处理政府安全问题、评估国民情绪等，以应对国内社会和经济问题。

经济数字化转型方面，2016年，新加坡提出涵盖能源化工、航空业、医疗保健、金融、教育等23个具体行业的转型措施及发展目标，并成立未来经济署，负责整个蓝图的制定和执行。在此过程中，政府通过一部分财政经费多管齐下，实行针对性的援助计划，具体涉及企业国际化发展减免税，小企业和创业公司创业减免税，相关行业专业人员能力提升培训等。

公民数字化能力的培养方面，新加坡政府广泛应用数字和智能技术，实施国家数字身份、电子支付、传感器平台、智慧交通、生活时刻、数码平台等六大关键的国家战略项目，让新加坡人民加快步入"数字化生活"。

5.5.3 打造"花园城市"优化人居环境

新加坡以环境优美整洁著称，是世界知名的宜居城市，主要得益于自20世纪60年代以来的持续治理。1963年，新加坡发起了全国绿化运动，1968年首次提出建设清洁美丽"花园城市"的目标，1996年把"花园中的城市"列为长远发展规划。经过数十年的发展，新加坡已成为名副其实的"花园中的城市"，为国民提供了良好的生活工作环境。人力资源顾问公司ECA国际（ECA International）发布的调查结果显示，新加坡已连续15年蝉联全球外派员工最宜居城市。《2020人类发展指数报告》显示，新加坡人均预期寿命高达83.6岁，在全球位居前四。重视打造高品质的城市生态绿化环境、建设串联城市空间与外围自然的城市绿道、建立便捷高效的轨道交通系统，成为新加坡彰显人居环境软实力的重要经验。

第一，打造高品质的城市生态绿化环境。

优美宜人的生态绿化环境是高品质人居环境最直观的标志和象征。践行"花园城市"理念，新加坡对社区、植物园、生态保护区、水渠等进行生态规划，建立了立体的城市生态系统，绿化覆盖率达到50%左右，为打造高宜居度的城市奠定了基础。到2020年，新加坡共有300多个公园，大部分都在居民区内或者附近，并且在新加坡的大街小巷普遍施行立体绿化，增加了城市的宜居度和居民的生活幸福感。新加坡前总理李光耀将花园城市项目视作最值得骄傲的遗产，其成功经验可以概括为以下方面。

一是以融合环境考量的长期整体的土地规划为依托。新加坡从"花园城市"到"花园中的城市"发展依托于融合环境考量的法令性"概念规划"（Concept Plan）和"总体规划"（Master Plan），绿化作为国家战略目标始终贯彻于城市建设开发的每个环节中，从整体上注重绿色空间的预留和保护。二是以健全的法制为保障。从20世纪70年代开始，《公园与树木法令》《公园与树木保护法令》等一批法律法规陆续出台，要求所有部门都必须承担绿化责任，对损坏绿化的行为实行严厉处罚，从法律上强化全民的绿化意识，确保新加坡在城市化进程飞速发展的同时仍拥有绿色和清洁的环境。三是以政府各相关部门的协调为动力。1973年，新加坡设立了"花园城市行动委员会"，负责与绿化相关的一切事务和议题，委员会成员代表了全部国家部委和法定机构。在政府内部，委员会有效协调市区重建局、建屋局等重要机构。市区重建局和国家公园局同设于国家发展部，前者是国家土地规划的权威机构，后者则统一规划管理全岛公园、绿化、连道系统和开放空间，以及自然保护区等，二者在土地使用中整合、融入绿化目标，合理推进"花园城市"建设。

第二，建设串联城市与自然生态的绿道网络。

新加坡绿道建设十分重视生物多样性保护与城市人居环境的提升，为人与自然和谐共生的城市建设提供了借鉴蓝本，城市绿道已成为彰显新加坡城市软实力的"硬核"力量。新加坡土地面积十分有限，利用少量用地，将各公园、自然保护地有效连接起来，提高绿色空间的活力，为市民提供安全舒适的游憩场所显得尤其重要，公园连接网络（Park Connector Network，简称PCN）正是在这样的需求下应运而生。新加坡的公园绿地系统由区域公园、新镇公园、邻里公园、公园串联网络四级体系组成，其中公园连接网络相当于"绿道"，将外围的区域绿色开敞空间与城市开敞空间连接起来，提升环境宜居品质及热带花园城市形象。在功能上，公园连接网络不仅是市民备选的慢行交通线路，康体设施、服务设施的载体，也是市民休闲游憩、开展文化教育的良好场所，更是维持和保护生物种群多样性的自然通道。目前，新加坡已建成270多公里的公园连接网络，串联起350多座公园和4个自然保护区，目标是使85%的家庭在小于400米范围内就能到达一座公园。

一是激活低效用地，构筑绿道系统。新加坡在绿道建设中，首先充分激活河道缓冲区、道路隔离带、灰色公共空间等低效土地，并以此为基础，重构原有的绿道框架。公园连接网络的建设，获得政府和社会的全力支持，与其强调重新挖掘低效用地价值，而非与城市争夺建设用地的策略密不可分。二是主题分区，塑造绿道魅力。公园连接网络根据各绿廊聚集区的特点，将其分为自然生态区、城市休闲区、海洋魅力区三个主题区。各主题区保留并放大区域特色，且承担不同的城市功能，共同提升园连接网络多元化的吸引力。三是强化互动，生态绿廊有活力。新加坡的公园建设曾经历过因过度硬质化，导致绿色缺失。之后，第一代绿道建设中又出现大面积绿道中缺少市民活动空间，导致使用率较低的状况。公园连接网络吸取教训，在市区内无死角地设置活动设施，实现市民友好；在保护区，建设生态廊道，实现生态友好，全方位提升绿廊的活力。

第三，建立便捷高效的轨道交通系统。

随着城市化进程的明显加快，交通成为了影响城市人居环境品质的突出问题。新加坡高度重视公共交通发展，将打造便捷的公共交通系统作为其优化人居环境、建设宜居城市的基础。作为以轨道交通为主的城市，新加坡制定和完善了城市交通总体规划，加快城市陆路交通网络的建设，并且通过将快速轨道系统延伸到新镇和居住区中心来获得一个整体有效的交通系统，实现整个城市的互联互通。

在新镇的对外交通上，除安排 4 条重轨线路（MRT, Mass Rapid Transit）从市中心向周边放射，还布局了其他轨道客运线路，将所有新镇公共中心串联，并按照 TOD 模式布局枢纽站点及公共中心，从而改善新镇对外联系的便利度。在新镇的内部交通上，新加坡着重完善了从 TOD 站点出发服务于新镇内部的公交线路，这些公交线路大多串联起新镇内部的各级公共中心。90 年代末，新加坡开始在武吉班让、盛港、榜鹅、蔡厝港等偏远新镇的内部公交上采用轻轨（LRT, Light Rail Transit）) 客运方式，明显提高了公共交通出行的便捷性，这三条 LRT 作为 MRT 的补充和拓展，虽然运量不大，但为解决从公共交通站点下车后到住区的"最后一公里"问题发挥了重要作用。

第6章 全面提升上海城市软实力的建议

全面提升上海城市软实力需要从多领域推进相关工作，借鉴国际大都市的经验和把握其提升城市软实力的发展态势，梳理上海城市软实力自身的长板与短板并进行"拉长和补短"，是内外结合的系统研究思路。本部分需要更好地针对上一章国际大都市特定领域提升软实力的工作经验进行提炼，同时针对上海面向中长期阶段自身各个领域的工作提出建议。

6.1 国际大都市城市软实力的总体发展态势

全球经济社会的持续进步，推动社会财富不断增加和人类需求不断转变演化，从过去对物质财富包括经济发展、基础设施、军事能力等的重视，转到对价值观生产、文化消费、社会治理、生态建设、形象建设等内容的关注，这是社会生产和消费的升级演变趋势，也即软实力建设在人类经济社会发展进程中的重要程度将会日益突出。而随着城市在全球经济社会中的地位日益重要，城市软实力必将成为一个热点研究领域，未来还可能陆续出现区域软实力、城市群软实力等概念，这集中反映了多种空间尺度单元在全球经济社会发展中的重要地位。

从研究结论看，当前国际城市软实力建设已经形成了梯次发展的差异，欧美国家一些老牌的国际城市已经走在前列，伦敦、纽约在城市软实力综合建设上领先于世界其他城市。中国作为崛起中的新兴经济体，经过四十多年的改革开放和建设，在经济发展、城市建设、基础设施等方面都已经取得很大成就，成为当前世界上发展强劲、潜力巨大的国家。在经济发展和基础设施不断完善的基础上，近些年更是在文化建设、社会治理、民众素质、科技创新和创业、生态环境等领域不断突破，取得不菲成就。具体体现在北京和上海已经在城市软实力建设综合评估上超越了巴黎、东京等发达国家城市，体现了中国城市在社会建设、文化发展、民众素质等方面的优异表现。但根据具体指标的表现，仍然可以发现中国城市在提升软实力的道路上任重而道远，欧美国家的城市在一些细分领域仍领先于中国的城市。在面向 21 世纪中期全面建设社会主义现代化国家的新征程中，我们仍要以城市为主战场，不断深化总结和学习国际大都市软实力发展的经验和趋势，为城市软实力工作提供参考和指导，最终为国家层面的软实力建设奠定基础和提供支持。这是本书的最大研究目标。

从五个国外全球城市提升软实力的一般规律与经验看，每个城市都是在特定发展背景与需求下实现城市软实力的培育发展，因此，每个全球城市软实力都有其自身的特色，比如纽约的国际政治影响与科技创新发展、伦敦的文化创意产业发展、巴黎的时尚消费与文化遗产、东京的市民素养培育与文化发展、新加坡的文化之都与社会价值内核建设等。但也有一些共性特点值得关注：首先政府战略规划往往是城市注重软实力培育、推进发展转型的主体力量，这往往体现在发展规划、政策措施等方面。其次，文化软实力是全球城市提升软实力的核心，全球城市普遍在公共文化、媒体产业、创意产业、时尚产业等方面取得了重大成就，并成为城市软实力的重要内容。再次，注重城市软实力建设与城市社会问题解决的融合，包括伦敦、纽约及巴黎都重视文化软实力对社会冲突问题的解决，借助文化软实力推动社会融合。第四，在软实力培育中，注重城市品牌建设和城市形象的塑造，例如纽约市政府注重打造城市品牌并向国际社会展示自身的城市影响力，其常年对外的形象塑造、营销投入和推广行动，都为纽约的国际形象塑造了正面印象。

6.2 全面提升上海城市软实力的思路与对策

6.2.1 总体思路

《意见》提出了全面提升上海城市软实力的总体要求，包括四个方面的内容：第一，在总体思想上，要以习近平新时代中国特色社会主义思想为指导，深入贯彻落实习近平总书记考察上海重要讲话和在浦东开发开放 30 周年庆祝大会上的重要讲话精神，增强"四个意识"、坚定"四个自信"、坚决做到"两个维护"。第二，在宏观格局上，要科学把握新发展阶段，坚决贯彻新发展理念，服务构建新发展格局，以提升城市能级和核心竞争力为战略牵引，以培育和践行社会主义核心价值观为根本任务。第三，在具体工作上，要以厚植"海纳百川、追求卓越、开明睿智、大气谦和"的城市精神和弘扬"开放、创新、包容"的城市品格为价值引领，以用好用活红色文化、海派文化、江南文化资源为关键支撑。第四，在目标方向上，要以增强城市凝聚力、吸引力、创造力、竞争力、影响力为主攻方向，全面提升引领全国、辐射亚太、影响全球的城市软实力，奋力打造向世界展示中国理念、中国精神、中国道路的城市样板，为加快建设具有世界影响力的社会主义现代化国际大都市提供不竭力量源泉。

基于以上指导，在未来发展思路方面，结合既有的城市软实力评估指标体系，课题组提出如下几个方面的建议：

第一，上海要瞄准"世界文明城市"建设目标，对标巴黎、伦敦、罗马、雅典这样的世界知名文化古都，不断厚植城市精神和提升文化繁荣程度。文化是城市的精神灵魂所在，在狭义范围内文化软实力就是城市软实力。未来要依托社会主义精神和文化建设，提升自身文化创意产业的实力和发展环境，强化国际文化表演与展览数量和质量，寻求美食、设计等上海已经具备相当基础的文化产业突破点，塑造国际品牌。

第二，从企业和人才需求角度，提升营商环境建设水平和就业吸引力。营商环境是城市软实力的重要方面，也是近些年国际城市关注的重点。根据世界银行的评价，上海企业经营服务等方面已经达到相当水准，但目前经济发展的市场化水平、政策制度透明性等方面仍然需要进一步提升。同时，基于社会主义现代化国际大都市的定位，在国际化社区建设、高端公共服务、薪资收入与税收改革、劳动就业制度与保障等方面向发达全球城市看齐，不断提升建设标准。

第三，提升城市宜居水准和治理水平，让城市居民生活更便捷、幸福、安全舒心。宜居度从软实力的角度主要是进一步降低居民的生活成本，包括住房租金和生活物价水平，与其他国际大都市比较，上海都具有一定优势，但在城市综合服务水准方面，依然存在差距。城市治理方面，上海在城市数字化治理、社会安全和自然灾害防护方面有一定的优势，未来需要强化城市内部交通管理和社区服务能力。

第四，从国家战略使命担当角度，强化国际影响力和国际沟通力建设，通过城市外交提升上海乃至中国的国际影响力。包括广泛与国际组织乃至联合国开展合作，吸纳更多的国际总部组织、使领馆、外国公民落户或常驻上海；持续拓展城市国际外交，提升国际化商务环境和生活环境，吸纳更多的国际会议到上海举办，吸引更多的国际商务人士和国际游客到访上海。

第五，持续关注和不断提升上海在国际层面的"城市形象"问题，塑造社会主义现代化国际大都市的正面健康形象。要持续关注上海"城市形象"这个命题，一是持续提升城市综合实力，二是提升"城市形象"包装和扩大对外宣传，讲好上海故事。

专栏 6-1：《意见》关于上海城市软实力发展的六个目标取向

《意见》提出的六个"让"更是高度提炼了未来上海提升城市软实力的主要工作方向：

——让核心价值凝心铸魂。培育和践行社会主义核心价值观走在前列，市民文明素质和城市文明程度全面提升，城市精神品格不断彰显新的光彩。

——让文化魅力竞相绽放。文艺创作精品迭出，文艺名家群星荟萃，文化潮流引领风尚，历史文脉延续传承，公共文化服务体系日臻完善，文化生活更加多彩，文化竞争力更加强劲。

——让现代治理引领未来。城市治理现代化水平全面提升，城市的安全、韧性全面增强，国际数字之都引领潮流，国际一流营商环境享誉全球。

——让法治名片更加闪亮。社会主义法治观念深入人心，尊法学法守法用法蔚然成风，形成人人参与法治建设、获得平等保护、感受公平正义、共享法治成果的生动局面。

——让都市风范充分彰显。黄浦江两岸物阜民丰、流光溢彩，世界会客厅商通四海、人聚万邦，人民城市绚丽多姿、活力四射，大国大城形象更富感召力、更有亲和力、更具全球吸引力。

——让天下英才近悦远来。人的全面发展更好实现，城市成为品质生活的高地、成就梦想的舞台，使在上海者引以为豪、来上海者为之倾心、未到过上海者充满向往。

6.2.2　对策建议

1. 持续提高市民素养，重点强化核心价值观引领

第一，强化社会主义核心价值观宣讲和宣传。发挥社会主义核心价值观的引领作用是上海软实力工作的重中之重，必须扩大宣传，不断强化核心价值观凝心铸魂，使之成为全体市民的自觉，最终夯

实上海城市软实力建设之本。

第二，不断提升全民文化水准。建议适时普及高中义务教育，提升全体市民受教育年限，提升全民科学人文素养，这是文化建设、创新创业生态的基础保障。此外，要进一步降低外地本科以上学生留沪和入沪门槛，通过人才引进提升市民平均受教育年限。

第三，扩大社会公德和慈善教育。以社区教育为基本单元，将社会主义核心价值观落细落小落实，持续提升市民家国情怀和奉献精神，强化社会公益公德教育，培育城市主人翁精神，让更多市民参与慈善行动、志愿者行动。

2. 大力提升文化建设，平台建设和内容建设并重

第一，推动文化相关的平台建设。文化建设具有较强的"软硬融合"特性，要打造更具吸引力的文化集群、文化交流舞台、文化交易平台以及更多节展赛事品牌，持续提升上海作为国际文化高地的影响力。出台更具针对性的政策以鼓励文化创意产业发展，扩大相关从业人员规模。

第二，推进文化产业相关设施建设。打造国际文化地标，通过外滩、陆家嘴、南京路、淮海路等景点提升品质，突出上海作为中西方文化交流的"枢纽节点"地位，打造独具魅力的城市文化设施。此外上海在有影响力的历史文化设施方面优势较小，这需要上海强化与周围城市如苏州、杭州、无锡、南京等的地域文化网络联系，通过更好的"邻近性"提升上海作为大都市的历史文化传承。持续建设市民文化活动设施，包括博物馆、艺术馆、剧场、电影院等。

第三，提高文化表演产业规模和水平。歌舞剧、戏曲、杂技等表演艺术在西方城市长盛不衰，特别是在巴黎、伦敦、纽约、莫斯

科等城市尤为突出。上海要进一步鼓励文化表演产业发展，特别是提升歌舞剧、戏曲以及杂技等，在表演中提升艺术水准和城市艺术氛围，不断培育原创性文化精品。

3. 增强城市治理效能，突出数字化和信用体系建设

第一，持续优化城市数字化治理手段。在当前城市转型发展的时代，依托政务服务"一网通办"和城市运行"一网统管"两张网建设，不断提升在医疗、教育、交通、就业等全领域的数字化服务水准，推动上海城市治理"弯道超车"。

第二，提升城市营商环境，完善社会信用体系的建设。特别是对企业和个人在经营过程中的不法不诚信行为，建议进一步立法，进行严厉打击惩罚。同时采取更好的宣传和监督方式，培育社会讲诚信、守契约的氛围。

第三，提高上海抵抗自然灾害的韧性度。科学规划建设城市应对自然灾害的相关设施，提升城市经济和社会在遭遇灾害后快速恢复的能力。统筹城市应急避难场所和救灾、疏散通道等城市安全空间规划和物资储备，应对极端气候及其他突发灾害事件。建设上海城市防灾管理数据库，通过数字化提高预防和治理能力。

4. 优化创新创业生态，重点吸引大学和国际人才

第一，提升上海知识策源能力。打造更多高水平的科研平台，加大对前沿领域、基础研究力量的综合布局。支持大学和科研机构更多聚焦于颠覆性的知识和原创性的成果。鼓励大学和科研机构更好地发起和参与国际大科学计划和大科学工程，推动前沿科学领域系统体系的发展。

第二，重视独角兽企业的培育。上海引领新一轮科技革命发展

的大潮，必须依赖于爆发力强的高科技独角兽企业的崛起，一方面可以提升上海产业能级，另一方面可以提升上海科技创新和新兴产业发展的爆发力。

第三，强化政策改革和环境建设，提升对国际人才的吸引力。强化上海在税收、金融等创新创业支持政策等方面的创新改革；推动和提升国际化社区建设，更好地服务于国际人才来上海创新创业。此外，强化创新政策和与外交部门的合作，适当放宽商务科技人才往来上海的签证门槛。

5. 强化人居环境建设，提升绿化环境和空间质量

第一，持续提高公共开放的空间系统。提升城市建成区公共绿地率，强化公共绿地、公共广场和通道建设，为市民提供更好更广的公共空间。着力提高空间环境品质，营造人性化街道尺度、连续界面和业态布局，让城市有温度、更雅致、有韵味，强化规划和设计，让时尚潮、文艺范涌动。

第二，强化空气质量监测和治理。对于上海市域范围的重点污染企业和单位坚决予以关停。对于市域以外的污染源，建议在长三角区域一体化发展背景下，通过跨省和跨市协调重点治理，推动智能化监测和建立空气质量大数据库等对策措施，进行更大区域范围的协调。

第三，制定更严格的碳减排措施，降低城市人均碳排放水平。在"双碳"政策背景下，建议设立碳减排试验区，包括工业园区试验区和城区试验区，探索更好的减排路径和模式，为全球城市在"双碳"领域的发展做出表率，提升上海在碳达峰、碳中和方面的贡献度和引领力。

6. 增强国际影响力，构筑交流平台和提升城市形象

第一，构建更完善的国际交流体系，让国际社会对上海有更多的了解认同。构筑更多交流平台和打造更多国际化社区、工作平台，吸引外国人口往来上海和生活在上海。用好用活中国国际进口博览会、世界城市日等重大平台，通过举办国际赛事、会展、节庆、论坛等重大活动，更好地联通世界其他地区和人民，不断提升上海城市事件的国际影响力。

第二，注重上海品牌和城市形象建设。积极开展"中华文化走出去"活动，开展"魅力上海"城市形象推广。推进城市外交、民间外交和公共外交，深化友城交流，加强教育、文化、旅游、卫生、科技、智库等多领域合作。持续关注和不断提升上海在国际层面的"城市形象"，扩大对外宣传，讲好上海超大城市治理故事、浦东改革开放故事、中国人民奋斗圆梦故事等，提升上海城市知名度和美誉度，塑造社会主义现代化国际大都市正面健康形象。

在未来的工作中，我们要以《意见》为根本指导，一是要强化党的全面领导。发挥社会主义制度优势，形成全社会、各领域共同参与的工作局面。各级党委和党组织都要把软实力建设与经济发展、城市基础设施建设放到同等重要的位置，集中谋划部署、综合推进相关工作，推动"软硬"结合、相互突进，把城市精神和城市品格纳入城市工作的各个领域方面。二是要强化理论建设。城市软实力是一项理论工作，不仅关系到市民素质、文化教育、科技创业、音乐电影、公共服务等一般性工作，而且关系到政治价值观、城市外交、国际影响力等方面的内容，同时还关系到制度建设、道路选择、理论支撑等问题，需要发挥高等院校、科研院所、高端智库等治理

资源，强化城市软实力的理论和实践研究。三是强化全社会广泛参与和支持。城市软实力建设需要发挥各方面力量，要最大限度凝聚全社会共识和力量，推动各区、各部门发挥优势，加强舆论宣传和引领，最终能够营造上海"人人参与软实力建设"的社会氛围，形成"人人都是软实力"的发展局面，推动上海城市软实力不断提升。

指标说明

（1） **市民对社会主流价值观的认可度**：样本城市中受访者对本国（地区）政府的信任度评价得分。

（2） **人均受教育年限（年）**：样本城市中劳动年龄人口接受学历教育的年限总和的平均数。

（3） **青少年科学素养（分）**：样本城市中 15 岁及以下在校生以知识为基础的 3 项能力情况，包括科学解释现象，评价和设计科学探究，科学解释数据和证据。

（4） **注册志愿者占城镇人口比重（%）**：样本城市中注册志愿者人数占城镇常住人口的百分比。

（5） **市民文明形象（分）**：样本城市市民在责任意识、契约精神、科学观念、人文素养等方面展现给其他人的印象得分。

（6） **城市节庆活动的国际影响力（分）**：样本城市中国际节日、庆典数量和质量产生的综合国际影响力得分。

（7） **文化产业从业人员占全社会从业人员比重（%）**：样本城市中文化产业从业人员占全部从业人员的比重。

（8） **城市 100 公里范围内世界文化遗产数量（个）**：样本城市中

心点周围100公里半径范围内所分布的联合国教科文组织
（UNESCO）评定的世界文化遗产的数量。

（9）博物馆数量（个）：样本城市中各类注册博物馆的数量。

（10）剧场及其他场所演出场次（次/年）：样本城市中每年所有剧场
及固定演出场所的演出场次。

（11）基层民主参与率（%）：样本城市中参与投票的选民数与登记选
民总数的比例。境外城市以所在城市的市长或最高领导人选举为
考察对象，国内以人大代表选举为考察对象。

（12）城市数字化公共服务（分）：样本城市在网上就业、在线教育、
便捷交通和在线医疗等公共服务领域应用数字技术的分值。

（13）公共数据开放规模（亿条）：样本城市的公共管理和服务机构在
公共数据范围内，面向社会提供具备原始性、可机器读取、可供
社会化再利用的数据集的公共服务规模。

（14）合同可执行性（%）：样本城市中解决一起商业纠纷所耗费的时
间、成本和司法程序质量指数。

（15）凶杀案件数量（起/年/百万人）：样本城市每100万人中每年发
生的杀人案件（故意杀人）件数。

（16）自然灾害韧性度（分）：样本城市GDP风险量与年均GDP的比
值，并再次经过反向处理的得分。

（17）软科世界大学排名TOP500得分（分）：样本城市拥有的软科世
界大学排名前500大学中，0—50名打分5分，51—200名打分
2分，201—500名打分1分。最终计算综合得分。

（18）风险资本吸引额（亿美元）：样本城市吸引的机构性创业投资基
金投资于新创立的、经评估认为有不寻常成长机会与潜力的小企
业的资本总额。

（19）城市对外籍人才吸引力（分）：样本城市在就业、房价、生活成
本和质量等方面对外籍人才的综合吸引力。

（20）近五年PCT专利占全球比重（%）：样本城市通过专利合作条约

（Patent Cooperation Treaty，PCT）提出的近五年专利申请总量占同期全球申请总量的比重。

（21）**独角兽企业数量（家）**：样本城市中成立不超过 10 年，估值超过 10 亿美元的独角兽企业数量。

（22）**街道和开放空间占建成区比例（%）**：样本城市中供所有人使用的街道和开放空间面积占城市建成区面积比例。

（23）**建成区公共绿地率（%）**：样本城市中公共绿地面积占城市建成区面积的比例。

（24）**空气质量优良（PM2.5＜75）天数占比（%）**：样本城市空气质量优良（PM2.5＜75）天数占全年天数的比重。

（25）**城市人均碳排放量（千克/人/年）**：样本城市每年的碳排放总量与城市居民数量的比值。

（26）**城市轨道交通运营里程（公里）**：样本城市已开通运营的地铁和轻轨等轨道交通的总里程。

（27）**居民平均预期寿命（岁）**：样本城市居民在当前的分年龄死亡率保持不变情况下，同一时期出生的人预期能继续生存的平均年数。

（28）**常住外国人口比例（%）**：样本城市的外籍常住人口数量占城市常住人口总量的比重。

（29）**国际会议数量（场/年）**：在 Union of International Associations "Yearbook of International Organizations" 所列样本城市举行的国际会议次数。

（30）**财富世界 500 强企业总部数量（家）**：样本城市拥有《财富世界 500 强》企业总部的数量。

（31）**国际游客数量（万人/年）**：样本城市每年所吸引的国际游客（包括中转游客）数量。

（32）**城市品牌国际关注度（条/十年）**：对《纽约时报》、BBC、法新社、《世界报》、《读卖新闻》、《印度斯坦时报》、俄通社—塔斯社、半岛电视台、《水星报》、《圣保罗报》等十家国际知名新闻机构在近十年里关于样本城市各类事件报道的新闻条数统计。

参考文献

［1］ 2ThinkNow. Innovation Cities™ Index 2021: Top 100 World's Most Innovative Cities［EB/OL］. https：//www.innovation-cities.com/worlds-most-innovative-cities-2021-top-100/25477/, 2021-07-07/2022-02-10.

［2］ Carroll Tamar W.. Social Protest Photography and Public History: "Whose Streets? Our Streets!": New York City, 1980—2000［J］. Journal of the history of the behavioral sciences, 2021, 57（1）.

［3］ Clyde Haberman. Act Globally, Get Stuck Locally［N］, New York Times, February 25, 2005.

［4］ Culture and Social Interaction; Reports Summarize Culture and Social Interaction Findings from City University of New York（CUNY）（Research and Activist Projects of Resistance: the Ethical-political Foundations for a Transformative Ethico-onto-epistemology）［J］. Politics & Government Week, 2020.

［5］ Dormani Carmela Muzio. "We're Street Dancers!". Culture and Commodification in New York's Salsa Scene［J］. Latino Studies,

2021, 19（2）.

［6］ Greater London Authority. London Culture Capital: Realising the Potential of a World-Class City［EB/OL］. https: //www.haringey.gov. uk/sites/haringeygovuk/files/london_cultural_capital-realising_the_ potential..._mol_2004_red-v1-2.pdf, 2004-04/2022-01-27.

［7］ Greater London Authority. Cultural Metropolis［EB/OL］. https: // www.london.gov.uk/what-we-do/arts-and-culture/mayors-cultural- strategy, 2010-11-15/2022-01-27.

［8］ Greater London Authority. London Environment Strategy［EB/ OL］. https: //www.london.gov.uk/sites/default/files/les_executive_ summary_easy_read.pdf, 2018-05/2022-02-08.

［9］ Greater London Authority. Culture for all Londoners: Mayor of London's Culture Strategy［EB/OL］. https: //www.london.gov. uk/sites/default/files/2018_culture_strategy_final_2021_0.pdf, 2018-12/2022-01-27.

［10］ Hutchings Georgiou Hannah. London's New Scene: Art and Culture in the 1960s［J］. The London Journal, 2021, 46（2）.

［11］ Institute for Urban Strategies. Global Power City Index 2021［EB/ OL］. https: //mori-m-foundation.or.jp/pdf/GPCI2021_summary.pdf, 2021-11-17/2022-01-28.

［12］ Jeong Dayun, Chun Eunha, Ko Eunju. Culture and Art Policy Analysis in Fashion Capitals: New York, London, Seoul, Beijing, and Jakarta ［J］. Journal of Global Fashion Marketing, 2021, 12（1）.

［13］ Joseph S. Nye, Jr.. Bound to Lead: The Changing Nature of American Power［M］. New York: Basic Books, 1990.

［14］ Joseph S. Nye, Jr.. The Paradox of American Power: Why the World's Only Superpower Can't Go It Alone［M］. New York: Oxford University Press, 2002.

［15］ Kearney. The 2021 Global Cities Report［EB/OL］. https：//www. kearney.com/global-cities/2021，2021-10-26/2022-01-28.

［16］ Planas Melissa Castillo. A Mexican State of Mind：New York City and the New Borderlands of Culture［M］. Rutgers University Press：2020.

［17］ Science-Social Science；Findings from New York University Yields New Data on Social Science（Culture，Parenting，and Language：Respeto In Latine Mother-child Interactions）［J］. Science Letter，2020.

［18］ TECH：NYC. NYC Tech Ecosystem Overview［EB/OL］. https：//www. technyc.org/nyc-tech-snapshot，2020-10-01/2022-02-10.

［19］ Union of International Associations. The Yearbook of International Organizations［EB/OL］. https：//uia.org/yearbook，2022-01-08/2022-02-10.

［20］ Urban Research-Urban Planning；Reports from Brunel University London Describe Recent Advances in Urban Planning（How Elite Sport Helps to Foster and Maintain a Neoliberal Culture：The "branding" of Melbourne，Australia）［J］. Politics & Government Week，2020.

［21］ 蔡新元．新加坡"设计之都"发展路径研究［J］.城市建筑，2020，17（34）：78—82.

［22］ 陈晨．伦敦建设"面向全民"的文化之都策略［A］.国际城市发展报告（2020）：城市的基石——都市圈与城市群引领新动力［M］.社会科学文献出版社，2020.

［23］ 陈洁．西方城市更新中的文化策略——以伦敦和悉尼为例［J］.国际城市规划，2020，35（05）：61—69.

［24］ 陈志，杨拉克．城市软实力［M］.广州：广东人民出版社，2008.

［25］ 陈祖洲．从多元文化到综合文化——兼论儒家文化与新加坡经济现代化的关系［J］.南京大学学报，2004，（6）：134—141.

［26］ 龚娜，罗芳洲．"城市软实力"综合评价指标体系的构建及其评

价方法［J］.沈阳教育学院学报，2008，10（6）：28—31.

［27］胡冬林.基于知网载文的城市软实力研究现状及思考［J］.厦门城市职业学院学报，2020，Vol.22（1）：81—88.

［28］胡键.城市软实力的构成要素、指标体系编制及其意义［J］.探索与争鸣，2021（7）：46—48.

［29］黄辉.巴黎文化产业的现状、特征与发展空间［J］.城市观察，2009（3）：28—37.

［30］黄三生.约瑟夫·奈美国软实力研究：背景、内容与启示［J］.文化软实力，2018（2）：38—48.

［31］惠佳菁，董丽丽.新加坡国民数字素养提升的具体举措与启示——基于《数字化就绪蓝图》的解读与思考［J］.世界教育信息，2020，33（8）：36—41.

［32］蒋英州.美国软实力研究：流派、观念及辨析［J］.国外社会科学，2016（2）：35—44.

［33］姜煜华，甄峰，魏宗财.国外宜居城市建设实践及其启示［J］.国际城市规划，2009，24（4）：99—104.

［34］江振鹏.纽约大都会博物馆的历史及文化功能［J］.公关世界，2019（22）：38—43.

［35］焦玉莉.兼容并蓄　和谐发展——新加坡文化建设的经验与启示［J］.科学社会主义，2014（6）：94—98.

［36］赖章德.基于文化创意理念的北京世界城市建设研究［D］.北京：北京交通大学，2012.

［37］李健.纽约科技创新中心迭代升级与应对策略［EB/OL］.国际城市观察.https://mp.weixin.qq.com/s/fxxLWqbxPLquiRv-NR248g，2018-02-02/2022-02-10.

［38］李健.全面提升上海城市软实力，需从四大特性出发［N］.思想汇，上观新闻，2021-11-24. https://web.shobserver.com/staticsg/res/html/web/newsDetail.html?id=422725.

[39] 李培广，李中洲，贾文杰.国际组织落户纽约对北京城市发展的启发[J].中国市场，2012（33）：78—83.

[40] 李锡铭.新加坡文化创意产业的国际因素探究[J].国际公共，2020（7）：237—238.

[41] 联合国.https://www.un.org/zh/about-us/main-bodies，2021-10-01/2022-02-10.

[42] 刘杰.生生不息的文化活力——法国文化产业发展现状与趋势[J].世界文化，2017（4）：5.

[43] 刘笑言.新加坡文化软实力的制度载体与价值内核[J].社会科学，2015（02）：23—30.

[44] 刘志伟.新加坡社会治理经验与启示[J].行政管理改革，2013（8）：66—70.

[45] 栾峰、王雯赟.新加坡新镇TOD模式及远郊轻轨系统应用[J].住宅科技，2019，39（12）：25—30、49.

[46] 孟建，裴增雨.城市软实力与形象战略[J].国际公园，2009（5）：42—43.

[47] 孟建，孙少晶.中国城市软实力评估体系的构建与运用[J].文化传播，2010（3）：38—39.

[48] 齐玉宇.山东省城市软实力综合评价分析[D].济南大学硕士学位论文，2013.

[49] 钱志中."全球艺术之都"新加坡创意产业发展战略检讨[J].江苏社会科学，2016（6）：251—256.

[50] 盛垒，洪娜，黄亮，张虹.从资本驱动到创新驱动——纽约全球科创中心的崛起及对上海的启示[J].城市发展研究，2015，22（10）：92—101.

[51] 陶建杰.传媒与城市软实力[M].上海：上海交通大学出版社，2011.

[52] 陶建杰.城市软实力评价指标体系的构建与运用[J].中州学刊，

2010（3）：112—116.

［53］陶建杰.城市软实力综合评价指标体系研究［J］.中共宁波市委党校学报,2010（4）：62—67.

［54］任明.伦敦：以文化战略助推城市经济转型［A］.上海文化发展报告（2012）：转型发展与上海文化建设［M］.北京：社会科学文献出版社,2012.

［55］宋芹.城市软实力的要素分析［D］.山东大学硕士学位论文,2010.

［56］王冲.演变与转型——伦敦文创产业如何适应"城市文化复兴"［J］.山东工艺美术学院学报,2020（3）：57—65.

［57］王沪宁.作为国家实力的文化：软权力［J］.复旦大学学报（社会科学版）,1993（3）：91—96.

［58］王健,周超.新加坡打造高宜居度城市的成功经验与借鉴［J］.领导科学,2020（14）：118—121.

［59］王克婴.新加坡的创意城市建设及其借鉴意义［J］.理论与现代化,2009（6）：16—20.

［60］韦彬,张增辉.新加坡社区治理的"互赖"特色［EB/OL］.http：//www.cssn.cn/zx/bwyc/202201/t20220124_5390056.shtml,2021-01-24/2022-01-28.

［61］魏伟,刘畅,张帅权,王兵.城市文化空间塑造的国际经验与启示——以伦敦、纽约、巴黎、东京为例［J］.国际城市规划,2020,35（3）：77—86、118.

［62］温婷.巴黎城市历史街区更新策略与途径研究［J］.建设科技,2019（11）：86—89.

［63］吴凡.城市软实力评价及其比较研究［D］.东北财经大学硕士学位论文,2016.

［64］吴文妹.非物质文化遗产的传承与可持续性发展策略探究——新加坡建设"文化之都"的经验启示［J］.文化创新比较研究,

2021, 5（8）: 137—141.

［65］夏国涵. 法国文化产业的国家战略［J］. 才智, 2013（31）: 262—263.

［66］杨辰. 巴黎全球城市战略中的文化维度［J］. 国际城市规划, 2015, 30（4）: 24—28.

［67］杨震, 于丹阳. 英国城市设计: 1980 年代至今的概要式回顾［J］. 建筑师, 2018（1）: 58—66.

［68］姚栋, 张侃. 文化设施集聚区伦敦展览路街道改造［J］. 国际城市规划, 2020, 35（3）: 152—158.

［69］新加坡国家公园局网站［EB/OL］. http: //www.nparks.gov.sg.

［70］新加坡市区重建局网站［EB/OL］. http: //www.ura.gov.sg.

［71］意娜. 国际化大都市的文化创意产业发展战略——以纽约市为例［J］. 中原文化研究, 2020, 8（2）: 67—73.

［72］尹恒. 约瑟夫·奈的软实力思想研究［D］. 西华师范大学硕士学位论文, 2021.

［73］英国 Z/Yen 集团, 中国（深圳）综合开发研究院. 第 29 期全球金融中心指数（The Global Financial Centres Index 29）［EB/OL］. https: //www.longfinance.net/media/documents/GFCI_29_Full_Report_Chinese_2021.03.17.pdf, 2021-03/2022-01-28.

［74］约瑟夫·奈. 软实力: 世界政坛成功之道［M］. 吴晓辉、钱程译. 北京: 东方出版社, 2004.

［75］约瑟夫·奈. 美国世纪结束了吗?［M］. 邵杜罔译. 北京: 北京联合出版公司, 2016.

［76］张经武. 世界典型"影城"的类型、文化产业特色与中国意义［J］. 宁夏社会科学, 2019（4）: 209—216.

［77］张蕾. 都市演艺集聚区的文化生产力研究: 基于百老汇、伦敦西区、上海演艺大世界的比较［J］. 戏剧艺术, 2021（4）: 148—160.

［78］中共上海市委. 中共上海市委关于厚植城市精神彰显城市品格全

面提升上海城市软实力的意见［R］.2021

［79］中国经济信息社，波罗的海交易所.2021新华—波罗的海国际航运中心发展指数报告［EB/OL］. https://ed.cnfic.com.cn/uploads/1/file/public/202107/20210711191845_cus1ysrodv.pdf, 2021-07/2022-01-28.

［80］钟磊.中美主流媒体在Facebook文化传播策略对比分析——以《中国日报》和《纽约时报》为例［J］.数码世界，2018（08）：157.

［81］周继洋.国际大都市软实力提升经验及其对上海的启示［J］.科学发展，2022（1）：25—31.

［82］周烨，王琳.伦敦"硅环岛"数字文化产业创新策略研究［J］.文化产业，2020（29）：15—16.

［83］朱揆，侯丽，李敏静.历史、制度与策略选择：国际比较视野下的上海文化发展战略研究［J］.城市建筑，2019，16（10）：59—65.

［84］庄德林，陈信康.国际大都市软实力内涵、塑造经验与启示［J］.中国科技论坛，2010（4）：70—76.

［85］庄德林，陈信康，李影.全球六大国际都市软实力比较研究［J］.人文地理，2010，25（6）：73—78、113.

后　记

    2021 年 5 月 12 日，上海市组织召开了"城市软实力"专家座谈会，会后，上海社会科学院第一时间成立了由王德忠院长直接领导的"城市软实力指标体系研究"课题组，上海社会科学院软实力研究中心、城市与人口发展研究所、文学研究所、信息研究所、历史研究所、法学研究所、应用经济研究所等多研究所、多学科人员参与课题研究。课题组广泛收集包括联合国人居署、世界银行、经合组织等著名国际组织、多国政府机构、样本城市政府等多机构的数据，积极利用网络抓取等新技术和手段收集各种网络数据、地图数据等，通过反复研讨和论证以确定数据的科学性和真实性。在此基础上，课题组起草课题报告、反复修改、论证，经过近一年的努力，形成书稿。

    2021 年 7 月，经上海市哲学社会科学工作领导小组批准，上海市社科规划办公室面向全市开展"全面提升上海城市软实力"专项课题招标工作。在院领导的统筹安排和大力支持下，上海社会科学院申报的包括"基于上海实践的新型主流媒体国际传播机制优化研究""海派文化与保护传承'最上海'城市文脉体系研究""全面提升上海城市软实力的制约因素研究""全球城市提升软实力的一般规律、趋势与国际比较视野下上海的对策研究"等7个课题获得了立项，这些课题构成"城市软实力指标体系研究"课题的研究基础和知识储备。课题立项后，在王德忠院长亲自指导下，科研处组织院内外相关领域的知名专家进行集中开题，通过专家指导咨询，有效推进专项课题研究，同时为"城市软实力指标体系研究"课题研究拓展了国际视野和深化了多维思考。

上海作为中国的经济中心城市，具有极为特殊和重要的地位，其中"更好代表国家参与国际合作与竞争，更好向世界展示中国理念、中国精神、中国道路"，集中体现了党中央对上海城市发展的任务和使命要求。因此，"城市软实力指标体系研究"课题组强调以下四个方面的把握：一是把握城市软实力研究的话语权作为课题研究的努力方向。二是把城市经济社会发展的基本面和新趋势作为课题的时代背景。三是把科学性、可比性和可操作性相统一作为课题研究的重要路径。四是把兼顾量化评估和主观感受作为课题研究的重要考量。

本书由王德忠同志担任课题组组长，胡键、杜文俊、李健同志为副组长。王德忠院长自成立课题组以来，亲力亲为，全面指导，重点把握，从课题集中开题到分组讨论、论证、座谈，从最初研究报告的结构编排到书稿的谋篇布局，从城市软实力指标体系的设计到每个指标及相关数据的精准定位都严格把关，并负责最终统稿和定稿。胡键副组长在课题研究过程中对理论铺陈、数据更新精益求精，为课题组打下了扎实的研究基础。杜文俊副组长参与课题研究的全过程组织、协调和沟通工作，并深度参与城市软实力指标体系的讨论、论证。作为本课题的执行副组长，李健同志倾注了大量的研究精力，在一段时间内全力以赴，加班加点，为本书的成稿作出了积极的贡献。

全书共分为六章，各章主要撰稿人分别为：第1章：李健、胡键；第2章：李健、刘玉博、程鹏；第3章：李健、刘玉博、程鹏；第4章：郑崇选、王健、丁波涛、彭辉、曹祎遐、华桦、李健；第5章：程鹏、刘玉博；第6章：李健。特别需要提及的是，上海社科院科研处的同志们负责具体的组织协调，研究生张琳、郭芃等帮助完成本书资料的搜集、整理、校对等工作，对他们付出的辛勤劳动，在此表示感谢！

在整个课题研究过程中，课题组得到了上海市委宣传部、上海市委研究室等部门和领导的指导和支持。课题组与相关部门共同组织了多轮专题会和专家座谈会，汇报课题进展和重点内容。在本书成稿交付出版之时，课题组要特别感谢康旭平、胡劲军、徐炯等三位领导全过程的关心、指导。课题研究还得到了王战、潘世伟、周振华、叶青、方世忠、熊月之、徐锦江、李安方、陈殷华、徐剑、孟建、杜德斌等国内知名专家、同行的指导和帮助，他们建设性的意见和建议为课题顺利推进作出了积极贡献，在此谨表敬意和感谢！

最后，对疫情期间上海人民出版社及钱敏女士高效细致的编辑出版工作一并致以感谢。

"城市软实力指标体系研究"课题组

2022年3月

图书在版编目(CIP)数据

城市软实力指标体系研究/上海社会科学院课题组
著. —上海:上海人民出版社,2022
ISBN 978 - 7 - 208 - 17668 - 3

Ⅰ. ①城… Ⅱ. ①上… Ⅲ. ①城市文化-文化事业-
研究-上海 Ⅳ. ①G127.51

中国版本图书馆 CIP 数据核字(2022)第 064608 号

责任编辑 钱 敏
封面设计 谢定莹

城市软实力指标体系研究
上海社会科学院课题组 著

出   版   上海人民出版社
            (201101 上海市闵行区号景路 159 弄 C 座)
发   行   上海人民出版社发行中心
印   刷   上海商务联西印刷有限公司
开   本   720×1000 1/16
印   张   13
插   页   2
字   数   137,000
版   次   2022 年 6 月第 1 版
印   次   2022 年 6 月第 1 次印刷
ISBN 978 - 7 - 208 - 17668 - 3/F · 2747
定   价   68.00 元